生鲜农产品供应链契约协调

郑　琪　范体军　著

科　学　出　版　社

北　京

内 容 简 介

本书从供应链契约的视角研究零售商风险偏好程度、产品的需求价格弹性及保鲜努力程度等因素对生鲜农产品供应链的契约协调机制，不同利益主体之间对风险成本、保鲜成本的分担和利益分配等决策的影响。具体包括：①考虑风险偏好的生鲜农产品供应链契约协调研究；②考虑需求价格弹性的生鲜农产品供应链契约协调研究；③考虑保鲜努力程度的生鲜农产品供应链契约协调研究；④多零售商联合采购的生鲜农产品供应链契约协调研究。

本书可供生鲜农产品供应链相关科研机构的研究人员、高等院校的教师和学生参考，是一部具有一定理论价值和应用价值的著作。

图书在版编目（CIP）数据

生鲜农产品供应链契约协调/郑琪，范体军著. —北京：科学出版社，2019.9

ISBN 978-7-03-059828-8

Ⅰ.①生⋯ Ⅱ.①郑⋯ ②范⋯ Ⅲ.①农产品－供应链管理－研究 Ⅳ.①F724.72

中国版本图书馆 CIP 数据核字（2018）第 276340 号

责任编辑：魏如萍/责任校对：贾娜娜
责任印制：张 伟/封面设计：无极书装

科学出版社 出版
北京东黄城根北街 16 号
邮政编码：100717
http://www.sciencep.com

北京盛通商印快线网络科技有限公司 印刷
科学出版社发行 各地新华书店经销

*

2019 年 9 月第 一 版 开本：720×1000 1/16
2020 年 1 月第二次印刷 印张：8
字数：162 000

定价：64.00 元
（如有印装质量问题，我社负责调换）

前　言

生鲜农产品作为人们日常生活消费的必需品,它的供应链运作影响着现代农业的推进和实现。我国是世界上最大的生鲜农产品生产和消费国,每年约有 4 亿吨生鲜农产品进入流通领域。我国政府非常重视生鲜农产品的供应链运作问题。2018 年中央一号文件指出:"提升农业综合生产能力,提高农业供给体系质量,实施乡村振兴战略。"三农问题再次作为国家关注的焦点被提出。农业农村部和商务部继续针对生鲜农产品推进产销衔接,减少流通环节,探索商业机制模式创新,加强农产品现代流通体系建设。

随着经济的快速发展,人们生活水平的不断改善,消费者对产品的需求也逐渐呈现个性化趋势,对生鲜农产品的品类和新鲜度需求也越来越高。然而,由于生鲜农产品生产的季节性和周期性,产品在生产运输过程中受到天气等不可控因素的影响产生了供需不平衡的风险;质量的安全性和脆弱性引发的生鲜农产品质量安全风险,进而导致消费市场的不稳定性;生鲜农产品流通的易腐性和时鲜性,使得产品需求的不确定性增大;产品价格的变动使得市场需求产生较大波动;生鲜农产品消费的时效性和品质性,促使供应链上各节点企业不断加大产品保鲜努力的投入程度,从而改变了生鲜农产品供应链的成本结构。供应商和零售商之间应该如何协调收益分享问题,才能有效提高生鲜农产品供应链的流通效率并降低产品损耗率。为此,迫切需要研究考虑风险偏好、需求价格弹性以及保鲜努力程度等因素下生鲜农产品供应链的契约协调问题。

在这种背景下,供应链运作中不同的影响因素改变了生鲜农产品供应链各节点企业的成本和收益。生鲜农产品供应链企业之间如何平衡收益和保鲜成本?如何提升生鲜农产品供应链整体的运作绩效?采用何种供应链契约来协调生鲜农产品供应链?

本书以生鲜农产品为研究对象,对生鲜农产品供应链契约协调进行较深入的分析。全书共分六章。

第 1 章绪论。首先阐述大数据、物联网时代,我国政府为生鲜农产品制定的相关条约及提高流通效率、降低生鲜农产品价格、实现惠民利民的政策等，分析供应链的供需模式、契约协调机制对供应链运营和管理的影响，提炼出本书研究的主题、研究目的和意义。

第2章生鲜农产品供应链契约协调概述。从生鲜农产品供应链的协调与优化、生鲜品特性的刻画方式、供应链契约理论、博弈论、委托代理理论、报童模型等方面进行详细的阐述和分析，为下一步研究打下良好的基础。

第3章考虑风险偏好的生鲜农产品供应链契约协调研究。针对单供应商和单零售商组成的两级生鲜农产品供应链系统，基于委托代理理论和激励契约，建立生鲜农产品供应链激励契约的数学模型，并结合生鲜农产品流通过程产生巨大损耗的特性，研究生鲜农产品新鲜度和风险偏好程度对供应链利润的影响，探讨生鲜农产品投入质量安全科技因素前后供应链利润的变动趋势。最后分析讨论不同参数对生鲜农产品供应链成员决策及利润的影响，并得出一些有意义的管理启示。

第4章考虑需求价格弹性的生鲜农产品供应链契约协调研究。考虑产品的需求价格弹性以及不对称信息等因素，构建生鲜农产品供应链收益共享契约的利润函数，分别从完全信息、隐瞒信息两个方面进行对比分析，研究最优收益共享分配系数、零售商和供应商的最优决策，产品新鲜度和需求价格弹性系数对供应链各主体最优决策的影响，并结合回购契约探讨改进的收益共享契约下生鲜农产品供应链利润的变动趋势及供应链的协调情况，并分析该契约下供应链的协调策略。

第5章考虑保鲜努力程度的生鲜农产品供应链契约协调研究。在既定的消费者效用函数下，考虑保鲜努力程度、消费者对产品新鲜度的敏感程度以及对价格的敏感程度，分析比较单一的保鲜成本共担契约和混合的保鲜成本共担+收益共享契约下达到均衡时各节点企业的利润与供应链的总利润。在此基础上，决策最优的保鲜成本共担系数、收益共享系数，并研究相关参数对供应链各项利润的影响。最后，通过数值分析的方法对考虑保鲜努力程度下生鲜农产品供应链的契约协调情况进行分析。

第6章多零售商联合采购的生鲜农产品供应链契约协调研究。针对单供应商和多零售商构成的"1-N"型生鲜农产品供应链，基于合作博弈理论分析零售商独立采购时无契约协调、零售商独立采购时采用契约协调、零售商联合采购时无契约协调、零售商联合采购时采用契约协调这四种情形下，供应链成员的最优决策及其对供应链协调的影响，并且对联合采购下零售商联盟的利润分配问题进行探讨，以及考虑协调成本时生鲜农产品供应链的最优决策问题，并得出一些有意义的结论。

　　本书是国家自然科学基金重点项目"基于 RFID 的生鲜农产品供应链运作优化理论与方法（71431004）"的阶段性成果，特别感谢国家自然科学基金委员会管理科学部对本书的资助。由于生鲜农产品供应链契约协调是一个新的领域，其理论和方法尚处于研究与发展初期，很多内容也是探索性的，再加上作者水平有限，肯定有不完善的地方，疏漏和不足在所难免，恳请专家和读者批评指正。

郑　琪

2019 年 1 月于上海工程技术大学

目　　录

第1章 绪　　论

1.1　生鲜农产品供应链管理的现状

我国是世界上最大的生鲜农产品生产国，生鲜农产品是农业中的重要产品，它在人们的日常生活中扮演着重要角色。生鲜农产品是指由农民直接生产，未经加工或者经过少量的处理，在常温下不能长期保存的初级农业和畜牧业产品，包括水果、蔬菜、肉类、乳制品和水产品。相关统计数据显示，2018 年，我国蔬菜产量占世界总产量的 52%，水果占 22%，肉类占 32%，水产品占 31%，每年约有 4 亿吨农产品进入流通领域。生鲜农产品作为现代农业的重要组成部分，它的供应链运作关系着民生问题的保障和改善[1-3]。

我国生鲜农产品供应链中存在多种不同的供需模式：传统的"多层批发商+农户"、居于主体的"公司+农户"、有望大幅提升生鲜类型农产品流通效率和效果的"农超对接"，以及近两年基于电子商务平台的"农宅对接"等模式。在这四种运作模式中，供应方在生鲜农产品的品质、新鲜度和成本的信息，与需求方在市场价格、需求量等方面的信息往往存在着不对称的问题。供应链上各利益主体企业的信息不共享问题致使生鲜农产品流通出现严重滞后，不仅削弱了产品的市场竞争力，还成为整个流通体系的瓶颈。如何降低生鲜农产品流通成本，缩短流通时间，提高流通效率和效益，已成为生鲜农产品供应链管理的关键问题。消费者生活质量的提高也间接改变了生鲜农产品供应链的供需模式，使得生鲜农产品的流通不断地满足社会经济的发展需要，当今社会的消费者已经从对生鲜农产品的数量、品种、价格等因素的追求转向对产品的质量、安全、品牌等方面的追求，这就对生鲜农产品的流通成本、质量安全、新鲜营养等方面提出了更高的要求。因此，通过有效合理地整合生鲜农产品供应链，构建一个满足消费者需求、提高供应链响应速度、改善供应链运行效率的供需模式，是生鲜农产品行业满足社会需求的必然选择，也是生鲜农产品供应链供需协调中亟待解决的问题。

"十三五"时期,我国大力实施网络强国战略、国家大数据战略和"互联网+"行动计划,企业面临着缩短交货期、降低成本和改进服务的压力。市场竞争的加剧和消费者需求的个性化,导致产品需求的不确定性增大,进一步增加了我国生鲜农产品供应链关联企业的运作风险。生产运作和营销决策失调导致的供需不匹配,已经造成了高库存高缺货并存的困局,给供应链各成员的经济活动带来了巨大的负面影响。我国的生鲜农产品供应链大多都是由多个经济独立的利益实体组成的,各实体均有自己的经营目标、信息渠道和决策权,并以自身利益的最大化为目标。然而,这种利己主义的局部利益最大化往往不仅无法达到供应链收益最大化,还会导致供应链整体绩效的大幅下降。因此,如何协调供应链中各成员企业的行为,制定合理的协调机制,有效解决因激励不一致等造成的"牛鞭效应"和"双重边际效应",增强生鲜农产品供应链的整体竞争力,已成为我国生鲜农产品供应链研究的一个热点问题。

可见,在以降低流通损耗、提高供应链运作效率为理念的供应链管理背景下,生鲜农产品供应链的管理优化也已经受到政府和企业界的关注,企业不得不从供应链整体考虑降低流通成本,提高生鲜农产品供应链整体利益来提高其核心竞争优势。因此,从供应链契约的视角研究生鲜农产品供应链协调机制的问题对供应链管理和政府政策的制定有一定的参考意义。

鉴于此,本书从供应链契约的视角研究零售商风险偏好程度、产品的需求价格弹性及产品保鲜努力程度等因素对生鲜农产品供应链的契约协调机制,不同利益主体之间对风险成本、保鲜成本的分担和利益分配等决策的影响。通过协调供应链上各方利益,揭示生鲜农产品供应链成员之间合作的内在机理,为生鲜农产品供应链各节点企业的决策及整个供应链利益分配的制定提供科学依据。

1.2　生鲜农产品供应链契约协调的意义

随着"互联网+"时代的到来,生鲜农产品供应链上各节点企业的生存环境、成本构成、盈利模式及其运作方式都发生了变化。在政府和消费者的双重压力下,不论是产品保鲜还是食品安全追溯,企业都要付出一定的成本,这会增加其成本负担;另外,任何一个企业单独进行协调优化都难以取得理想效果,为了提高市场竞争力，企业不得不从供应链整体考虑协调优化。本书以生鲜农产品为研究对象，以产品损耗最小化、供应链整体利润最大化为宗旨，研究零售商风险偏好程度、产品的需求价格弹性及保鲜努力程度等因素对生鲜农产品供应链成员决策、收益分配及协调机制的制定等的影响，具有十分重要的理论和实际意义，具体如下。

（1）在生鲜农产品供应链中，为供应链各成员的决策及整个供应链协调提供新成果。本书以生鲜农产品为研究对象，研究如何在供应链不同利益主体之间进行风险成本等各项成本的分摊和收益分配，并通过契约设计实现供应链的帕累托改进，协调供应链上各成员的利益，揭示生鲜农产品供应链成员之间合作的内在机理；消费者对产品的偏好行为对企业的生产方式、经营决策及企业之间的竞争与合作策略等产生了一定的影响，将零售商的风险偏好融入生鲜农产品供应链研究中，探究零售商风险偏好对生鲜农产品供应链各成员的决策和供应链绩效的影响，使供应链管理的研究基础更贴近实际。

（2）为供应链各成员制定既能使供应链利益最大化，又能促使企业进行保鲜努力的相应的契约机制提供一定的科学依据。在生鲜农产品供应链下，从供应链整体利益最大化的角度制定各种政策，保鲜努力的投入势必会增加供应链上不同利益主体间博弈的复杂性。另外，供应链各节点企业是风险规避的，若没有零售商承诺利益共享的措施，则供应商与之共同承担保鲜成本的动力可能相对不足[4]。为了调动供应链企业实施保鲜努力以改善供应链的运作效率，有必要制定相应的契约协调机制。供应链企业应签订何种契约协调机制？如何改进现有的契约机制？这是迫切需要解决的问题。因此，探索生鲜农产品供应链中各节点企业的行为博弈，探讨不同的契约协调机制对供应链利益的影响，对生鲜农产品供应链管理及相应政策的制定有重要的理论和现实意义。

（3）为生鲜农产品供应链中多零售商联合采购提供一定的理论参考。在现实中，一些供应商处于非常强势的地位，为了增加产品订货量、降低采购成本，更好地满足消费者的需求，零售商可以形成一个联盟，向供应商集中采购，即形成"一对多"的生鲜农产品供应链架构。基于契约协调机制，研究"1-N"型供应链上多零售商的联合采购问题，以实现生鲜农产品供应链的整体优化，这对合作型生鲜农产品供应链的契约协调有一定的参考意义。

1.3　生鲜农产品供应链契约协调的研究思路

本书遵循"提出问题→分析问题→解决问题"的思路，采用定性分析与定量分析以及系统建模思想，综合供应链契约理论、博弈论、委托代理理论等理论和方法，从供应链契约的视角，以生鲜农产品的运作模式为背景，考虑零售商风险偏好、产品的需求价格弹性及保鲜努力程度等因素，研究生鲜农产品供应链各节点企业的决策制定以及供应链契约协调的问题。首先，通过大量阅读和整理国内外文献资料，并到生鲜农产品供应链的相关企业进行调研，梳理生鲜农产品供应链领域的研究热点问题，凝练出本书的研究主题。其次，介绍本书研究背景、研究目的和意义、研究内容及研究框架，并对已有的相关研究成果进行回顾和总结。最后，针对"1-1"型和"1-N"型生鲜农产品供应链契约协调问题展开研究。

本书的具体研究内容如下。

（1）针对单供应商和单零售商组成的两级生鲜农产品供应链系统，基于委托代理理论和激励契约，分别从完全信息、不完全信息两个方面进行分析，建立生鲜农产品供应链激励契约的数学模型，并结合生鲜农产品流通过程产生巨大损耗的特性，研究了生鲜农产品新鲜度和风险偏好程度对供应链利润的影响，探讨了生鲜农产品投入质量安全科技因素前后供应链利润的变动趋势，确定供应链实现协调的最优方案。

（2）考虑产品的需求价格弹性以及不对称信息等因素，构建生鲜农产品供应链收益共享契约的利润函数，分别从完全信息、隐瞒信息两个方面进行对比分析，研究最优收益共享分配系数、零售商和供应商的最优决策、产品新鲜度和需求价格弹性系数对供应链各主体最优决策的影响，并结合回购契约探讨了改进的收益共享契约下生鲜农产品供应链利润的变动趋势及供应链的协调情况，并分析该契约下供应链的协调策略。

（3）考虑保鲜努力程度、消费者对产品新鲜度的敏感程度以及对价格的敏感程度，建立供应商与零售商的两级生鲜农产品供应链博弈模型，分析比较单一的保鲜成本共担契约和混合的"保鲜成本共担+收益共享"契约下达到均衡时各节点企业的利润与供应链的总利润。在此基础上，决策最优的保鲜成本共担系数、收益共享系数，并研究相关参数对供应链各项利润的影响。

（4）针对单供应商和多零售商构成的"1-N"型生鲜农产品供应链，基于合作博弈理论分析了零售商独立采购时无契约协调、零售商独立采购时采用契约协调、零售商联合采购时无契约协调、零售商联合采购时采用契约协调这四种情形下，供应链成员的最优决策及其对供应链协调的影响，并且对联合采购下零售商联盟的利润分配问题进行了探讨，以及考虑协调成本时生鲜农产品供应链的最优决策问题。

第2章 生鲜农产品供应链契约协调概述

2.1 生鲜农产品

在生鲜农产品方面，与本书有关的文献主要有两个方面：一是生鲜农产品的定义及特性刻画研究；二是关于生鲜农产品供应链管理方面的研究。下面分两大部分综述有关文献。

2.1.1 生鲜农产品的特性

根据浦徐进等[5]对生鲜农产品的界定，包括蔬菜、水果、鲜花、肉、蛋、奶、水产品等日常生活中的必需品，有时称为"生鲜三品"，即果蔬、肉类和水产品，新鲜度是衡量生鲜农产品价值的一项重要指标。杨亚等[6]认为生鲜农产品包括蔬菜、水果、肉类、水产品等，其具有强烈的时鲜性和季节性、生产的周期性和地域性等特征。杨磊等[7]指出生鲜农产品（蔬菜、水果、海鲜、鲜花等）具有易腐性和季节性，生命周期相对较短，属于易逝性产品。

生鲜农产品是人们日常生活不可或缺的一种消费品，也是获取营养的主要途径。然而，由于生鲜农产品具有生产的季节性和周期性、流通的易腐性和时鲜性等，所以生鲜农产品供应链在运作过程中会产生巨大的损耗。生鲜农产品属于变质品范畴，其具有易变质、不耐贮藏的特性，对流通过程中的产品质量和数量造成了双重影响。在对生鲜农产品特性刻画方面，现有研究主要集中于损耗率、新鲜度、保鲜努力程度等方面。

在数量损耗方面，李琳和范体军[8]用公式进行刻画，$Q(t) = Q_0 \cdot \beta(t)$，其中 β 为损耗率，Q_0 为剩余产品数量，$\beta(t)$ 为库存剩余水平，该函数与时间的增加呈负相关关系。数量损耗通常需要考虑运输时间、运输条件、保鲜努力程度等因素，并影响其在批发市场和零售市场上的产品供应量。

在质量损耗方面，目前的研究主要集中在产品的新鲜度和产品的价值衰减。

（1）将产品价值表现为产品的新鲜度函数，价值损耗表现为生鲜农产品的新鲜度随时间下降的变化函数。产品新鲜度函数为 $\theta(t) = \theta^t$，其中新鲜度的取值范围为 $0 < \theta < 1$，这里的新鲜度函数表示产品初始的新鲜度水平，不同产品和不同环境对产品新鲜度有很大的影响，随时间下降通常呈现凹函数或凸函数或混合形式。

（2）直接采用价值衰减函数的形式，$V(t) = V_0 \cdot e^{-\lambda t}$，其中，$V_0$ 为产品最初价值，λ 为耗损率。随着时间的推移，生鲜农产品的价值趋向于零。产品新鲜度是没有具体衡量标准的，其下降形式的刻画属于生物学研究的范畴，但是值得关注的是，产品的新鲜度函数与市场需求[9]之间存在着重要的关系，通常需求函数表达为 $D(p,t) = D(p) \cdot \theta(t)$，即新鲜度作为市场需求的一个折扣因子出现。因此，目前的研究通常采用的需求函数为 $D(t) = A \cdot p^{-k} \cdot \theta(t) = A \cdot p^{-k} \cdot \theta^t$，其中，$A$ 为市场规模，p 为产品价格，k 为需求价格弹性，$\theta(t) = \theta^t$ 为产品新鲜度函数。

在保鲜努力程度方面，Cai 等[10]对生鲜农产品的保鲜努力程度对供应链利润的影响进行了深入研究，指出如果产品的保鲜努力程度增加 1%，保鲜成本也会增加，但是增加收益的百分比（数量和质量会同时得到改善）会降低。令 θ 为产品的新鲜度指数，其取值范围为[0, 1]。根据王磊和但斌[11]的研究，我们采用式 $\theta(t) = \theta_0 - \eta\left(\dfrac{t}{T}\right)^{\frac{1}{2}}$，$t \in [0, T]$ 来刻画生鲜农产品的新鲜度。其中，T 为生鲜农产品的销售周期，θ_0 为产品的初始新鲜度，η 为产品的损耗率。当损耗率增加时，产品的新鲜度会在产品销售周期期末迅速降低。此外，η 为保鲜努力程度 τ 的函数，其可以表示为 $\eta = (1 - k\tau)\eta_0$，其中 k 为保鲜努力程度 τ 的系数，并且 $k \in (0,1)$，$\tau \in (0,1)$。付出一定的保鲜努力意味着付出一定的成本，令 $c(\tau)$ 为产品的保鲜成本，那么产品的保鲜成本函数为 $c(\tau) = \dfrac{1}{2}m\tau^2$，其中 m 为保鲜成本系数。

2.1.2　生鲜农产品供应链

近年来，关于生鲜农产品供应链管理的研究主要集中在库存管理、定价策略和订货策略等方面。Dye[12]通过假定新鲜产品的损失率不变，给出了时变退化率，以制定易腐产品的库存模型。Lodree 和 Uzochukwu[13]通过假设消费者需求随着产品恶化率的变化而调查新鲜产品的库存管理。Ferguson 和 Koenigsberg[14]研究了一个两期模型，其中库存在第一期被遗留下来，而企业必须决定是否将剩余库存全部、部分运送到下一期。这些决定会影响对新产品生产和定价策略的反应。Cachon 和 Kök[15]通过评估产品残值，然后对订单数量做出最佳决策，重新审查了新闻发布者问题。Wang 和 Li[16]认为，虽然难以预测易腐产品的质量，但可以开发一种基于更准确的质量信息最大化利润的定价方法。Nakandala 等[17]开发了一个考虑质量和运输的优化模型，并确定了最佳定价决策，以尽量减少新鲜食品的总成本。Avinadav 等[18]提出了在特殊市场环境下竞争性产品的联合定价方法，易腐产品由可替代和互补的产品组成。Chen 等[19]认为针对不同品类的产品应采取不同的订货策略，在分析便利商店的生鲜产品订货问题时应利用销售数据记录来分析顾客的消费行为和偏好，并基于此来进行需求预测和订货决策。Halim 等[20]引入了使用模糊数退化率的产品短缺情况下随机需求的排序策略。Tao 等[21]运用多阶段动态规划模型，研究碳转移成本和碳存储成本对库存控制策略与供应链协调问题的影响。研究表明，在供应链实现协调时，库存水平对碳存储成本越敏感，供应链利润对碳转移成本也越敏感。另外，当实现供应链协调较难时，将批发价、固定建立成本降低到实现供应链协调相应值之下的水平会更有利。Li 等[22]考虑由风险中性供应商和风险厌恶零售商组成的双渠道供应链，其中市场需求不确定，供应商开通电子渠道，从而直接参与市场。通过风险价值（value at risk，VaR）和条件风险价值（conditional value at risk，CVaR）两种方法制定 Stackelberg 博弈模型，并在分散和集中的情况下获得最优定价策略。Bensoussan 等[23]以成本低廉的方式管理产品的可获得性来研究库存管理：第一阶段，基于报童模型决策长期的订货量；第二阶段，根据短期的预测对订货量进行修正。对于所有可能的预测情形，对产品的可获得性为基础的长期服务目标进行评估，在满足长期服务目标的同时，描述了最优的库存策略以最小化期望库存成本，同时对在库率和补货率目标进行了研究。

在以上的文献中，分别对库存管理、定价策略和订货策略进行了研究，而一些学者综合考虑了这三个因素。Li 等[24]同时研究了易腐产品的定价和库存的最佳水平，制定了优化库存补货策略以减少损失。Kanchanasuntorn 和 Techanitisawad[25]开发了一个具有固定生命周期的易腐产品的库存模型，研究了产品易腐性和缺货会如何影响供应链利润、成本、服务和库存。Pasternack[26]提出了一个分层模型，以确定上架时间短或生命周期短的易腐产品的最优定价策略和退货政策。Dong 等[27]在使用多项式模型考虑策略性消费者时确定了库存和定价的最优决策。Herbon 等[28]研究了定期对易腐产品的补充政策，并制定了动态定价策略以吸引更多的消费者并产生更大的利润。Chen 等[29]分析了在有限范围内具有固定寿命的易腐产品的联合定价和库存控制问题。Li 等[30]考虑了随机库存系统中易腐产品的库存控制和联合动态定价策略。Chew 等[31]调查了多循环寿命的易腐产品的最佳决策，包括关于价格和订单数量的决定。Avinadav 等[32]开发了一个优化模型，用于考虑时间依赖和价格相关的需求，并确定最佳订单数量、定价决定和易腐货品的补货期。Sainathan[33]认为易腐产品的保质期在无限范围内，并得出最佳定价决策和订货策略。Kaya 和 Urek[34]分析了一个闭环供应链的网络设计问题，将所使用产品的收集与新产品的分布相结合，并提出一个混合整数非线性设施位置-库存定价模型，以确定设施的最佳位置、库存量、新产品的价格和激励值，以收集适当数量的使用产品，以最大化总供应链的利润。Maihami 和 Karimi[35]提出了一种用于两阶段贸易信用下的非瞬时恶化项目的定价和库存控制的模型，其中供应商向零售商提供信用期，并且零售商反过来向其客户提供支付延迟，采用价格依赖的概率需求函数和部分积压短缺，零售商的利润总额增加。Xia[36]考虑了混合环境下一对一供应链的协调问题，并解决了零售商如何使用其订单和定价决定来响应其供应商的临时价格折扣的问题，研究表明当设置时期固定时，零售商的订货数量是单调的，并且在零售价格可以是固定的或灵活的情况下不减少；当设置时期灵活时，订货周期是相同的。Ouyang 等[37]探讨了当特殊订单数量有限且假定商品的腐败率保持不变时，价格上涨对零售商补充政策的可能影响，通过分析在特殊订单数量的耗尽时间期间特殊订单和正常订单之间的总成本节省，可以确定每种情况的最优订货策略和最优定价策略。Li 等[38]从零售商的角度对易腐产品的定价和库存的联合管理进行了研究，构建了一个多阶段订购和清算定价模型，考虑了新产品和淡季产品之间的竞争。在每个周期中，新产品的订货量和季节外产品的清算价格被确定为在实现需求之前的决策变量，并且未售出的新产品成为下一个周期的输入变量，通过一个有限范围的马尔可夫决策过程模型来解决这个问题并分析其性质。但是这些研究都没有考虑如何采用契约的方式来协调生鲜农产品供应链。

2.2　供应链契约

供应链契约是通过提供一些适当的信息和激励措施，使供需双方通过协调，以确保最优的供应链绩效的同时，实现各自利益最大化，使供应链成员收益共享和风险共担。典型的供应链契约主要有批发价格契约、收益共享契约、数量折扣契约、回购契约等。

1. 批发价格契约

批发价格契约是供应链契约中最简单，也是较为普遍的一种契约形式。在批发价格契约中，供应商根据零售商的可能反应对产品的批发价格做出决定，零售商根据供应商制定的批发价格做出决策。Li 和 Zhang[39]研究了单制造商和多零售商的分散供应链中信息共享问题，每个零售商都有关于自身不确定需求的信息并决定是否与制造商共享，根据批发价格契约进行供应链协调研究，结果表明如果零售商之间竞争激烈，所有供应链成员都愿意共享信息，而共享信息的程度可以通过批发价格进行预测，那么制造商的显示效应被凸显出来，整个供应链可以获得更高的收益。毕功兵等[40]假设零售商的类型是不公平厌恶，分析市场需求不确定下，基于批发价格契约的不利公平厌恶和有利公平厌恶两种情况的供应链协调问题。Kouvelis 和 Zhao[41]针对市场需求随机的特点和零售商的破产成本等因素，采用批发价格契约来协调供应链，并对供应商和零售商的最优决策问题进行了研究。刘云志和樊治平[42]研究了由供应商与零售商组成的两级供应商库存管理（vender managed inventory，VMI）供应链协调问题，在供应商存在不公平厌恶的假设下，通过分析得到了分散 VMI 供应链情形下供应商的最优策略，同时分析了两级 VMI 供应链在批发价格契约下的协调情况。祁玉青等[43]考虑售后服务由制造商提供的条件下，基于批发价格契约，研究由单制造商和单零售商组成的两级供应链的契约协调问题。Hwang 等[44]考虑了供应风险和采购类型两个因素对供应链协调中的批发价格契约的影响，研究表明批发价格契约可以提高供应的可靠性。Zhao 等[45]针对供应商-零售商供应链面临随机的价格依赖性向下倾斜需求曲线，采用批发价格契约进行平均风险分析，同时考虑合同价值风险和零售商风险厌恶程度，将研究中的问题作为供应商主导的 Stackelberg 博弈，并根据零售商的风险偏好结构来分析批发价格契约模型。Niederhoff 和 Kouvelis[46]指出供应商制定批发价格并将自己的利润分一部分给零售商，在批发价格契约中，同时考虑他们所关注利润的分配是否公平，往往会在社会偏好和利润最大化之间进行权衡。

2. 收益共享契约

收益共享契约是指供应商以更低的批发价格将产品销售给零售商，零售商将销售收入的一部分以一定比例返回给供应商，实现最优的供应链绩效，以弥补他们的损失。Cachon 和 Lariviere[47]考虑了收益共享契约的协调问题，提出了契约的使用条件和范围，并对价格折扣契约、回购契约等进行对比分析，结果表明收益共享契约能够更好地实现协调。Pang 等[48]考虑由供应商、配送中心和零售商组成的三级供应链系统，针对销售努力水平、产品的市场需求等因素的影响，分别在零售商、供应商单独承担销售努力成本，以及零售商和供应商共同承担销售努力成本三种情形下，通过建立模型分析传统的收益共享契约无法达到协调的原因，分析销售努力水平对供应链决策的影响，并提出基于数量折扣策略的改进的收益共享契约能够使供应链达到协调。李绩才等[49]研究风险中性的供应商和多个损失规避的零售商，以一个两阶段供应链为背景，建立了损失厌恶的零售商以及收益共享契约协调模型之间的竞争模型。Kong 等[50]对系统中包含一个供应商和两个零售商的供应链进行研究，根据收益共享契约的信息披露问题，确定最优区域下信息不披露的收益。陈菊红等[51]考虑供应链中的终端销售价格是内生变量，产品的生产成本与其残值关联的情况下，如何采用收益共享契约对供应链进行协调的问题。Qin 和 Yang[52]结合 Stackelberg 博弈与收益共享契约，对由单供应商和单零售商组成的两级供应链，建立了相关数学模型，研究发现，当供应链达成协调时，供应链各方可以获得一半以上的收益。Chakraborty 等[53]考虑供应链中不同的主导者，通过批发价格契约和收益共享契约，对由两个供应商和一个零售商组成的供应链系统进行协调优化。丁胡送和徐晓燕[54]通过建立收益共享协调机制下的博弈模型，研究了提前期压缩的由供应商和零售商组成的两级供应链决策问题。李忱和李宏宽[55]在市场需求模糊且取决于价格的条件下，针对由两个制造商和单个零售商组成的两级供应链系统，研究了收益共享协同机制问题，研究表明收益共享契约可以实现供应链协调，收益共享系数和供应链整体利润与产品替代性呈正相关关系。Wang 等[56]基于可信性分布理论，在考虑市场需求为模糊变量的条件下，研究了收益共享契约对供应链的影响机理及协调分析。Zhang 等[57]考虑需求中断的情况，对一个制造商与两个零售商之间的供应链收益共享契约的协调问题进行了研究。Palsule-Desai[58]分析了收益共享契约在一个由供应商和销售商组成的两级供应链中的应用情况，当潜在的收益从一个阶段下降到另一个阶段时，收益共享契约能够有效地协调供应链。Ho 等[59]考虑公平偏好对供应链收益共享契约的影响，最终引导的公平性比分配的公平性得到的供应链收益更加突出。Shang 和Yang[60]通过引入收益共享契约来实现双渠道供应链的协调，在这个过程中，风险偏好和谈判能力是影响分成系数的选择与增加利润分配的重要因素。Cai 等[61]为了协调 VMI 供应链，将零售商的服务水平与客户需求相关联，并将收益共享契约进行了改进：对于未销售出去的产品、超出销售目标的产品进行补贴，从而实现供应链协调。Krishnan 和 Winter[62]考虑采用收益共享契约，建立多周期离散时间模型，从而实现供应链的协调。还有一部分学者，如 Ding 和 Chen[63]、Xiao 等[64]、Li 等[65]、Govindan 和 Popiuc[66]、Thien 等[67]、戢守峰等[68]、刘宇熹和谢家平[69]也通过收益共享契约的机制对供应链的协调进行研究，并得到了一些有意义的结论。

3. 数量折扣契约

数量折扣契约是指零售商增加产品的订货量时，供应商以一定的折扣价格将产品销售给零售商。很大一部分学者采用数量折扣契约对供应链的协调进行研究，如 Kanda 和 Deshmukh[70]。Cachon 和 Kök[71]通过批发价格契约、数量折扣契约和两部制定价契约三种契约，对由多供应商与单零售商组成的供应链系统进行了协调分析，研究表明，从零售商的角度来看，数量折扣契约和两部制定价契约更优，而对于竞争型供应商，批发价格契约更优，在不同的供应链模式中供应链契约具有不同的特性。周永务[72]考虑不完全信息和市场需求是随机的情况，采用数量折扣契约，供应商给零售商一定的折扣价格来激励其增加订货量，进而实现供应链的协调。曾顺秋和骆建文[73]针对由单供应商和单零售商组成的两级供应链，基于数量折扣契约分析了交易信誉与供应链协调的影响及作用。王勇等[74]在假设批量对批量供应模式下，对由单供应商和单零售商组成改进的两级供应链，供应商给予零售商的一定的价格折扣，促使零售商订购更多的产品，研究了改进的供应链协调的问题，研究表明采用数量折扣契约的供应链协调策略能够有效地实现供应链的协调。赵正佳[75]采用利率平价理论对易逝品的供应链数量折扣契约进行了研究，结果表明价格转移支付和数量折扣契约能够使供应链利润达到最大，并且能够很好地协调供应链。Huang 等[76]讨论了针对单一买方和多个供应商的双层销售系统使用数量折扣来实现供应链的协调，提出了允许买方和供应商确定适当的订单数量分配以在供应链中产生更多利润的可接受数量折扣条件，结果表明买方应关注管理的采购成本以降低采购成本，供应商应关注管理的固定成本以降低机器生产成本。Nie 和 Du[77]研究了由一个供应商和两个零售商组成的两级供应链中的数量折扣契约，研究表明在考虑消费者行为下的供应链不能与数量折扣合同协调，其中价格断点取决于批发价格，因此提出了一种将数量折扣契约与固定费用相结合的协调机制，此外来自批发价格契约的结论不能应用于数量折扣契约。Ji 等[78]分析了一个由供应商和终端客户组成的供应链系统，该供应商可以生产和交付多种类型的物品，供应商与买方签订数量折扣合同，单品种模型被扩展到多品种联合补货模型，并且提出了用于寻找成本最小化的基本周期、订货间隔期和安全系数的算法。Zheng 等[79]考虑保鲜努力程度、消费者对产品新鲜度的敏感程度以及对价格的敏感程度，建立了供应商与零售商的两级生鲜农产品供应链博弈模型，研究了在分散决策下，双方通过混合的成本共担和收益共享契约而达到集中决策水平的问题。

4. 回购契约

回购契约是指在销售周期末，供应商以低于批发价格的价格对零售商未销售出去的产品进行回购的一种契约方式，主要针对需求不确定、生命周期短、易变质的产品。Krishnan 和 Winter[80]考虑由一个供应商和多个零售商组成的供应链系统，多个零售商之间存在竞争关系，主要表现在产品价格和订货量上，构建动态报童模型研究回购契约对供应链的影响，研究表明回购契约有效的关键的因素是库存持续，当产品损耗率较高时，零售商往往由不合理的定价和库存水平、垂直的最低价格或回购合同定价和库存决定这两种实现协调。Taylor[81]通过研究发现当产品需求量不受零售商努力水平影响时，回购契约可以使供应链达到协调；当需求与零售商努力水平相关时，单一回购契约并不能使供应链达到协调。Zhao 等[82]针对单供应商和单零售商组成的供应链系统，零售商面对韦伯需求曲线，研究了市场需求的不确定水平对回购契约在供应链协调的影响，研究表明，需求不确定水平是影响供应链契约进行协调的一个关键因素。Wang 和 Choi[83]针对单供应商和单零售商组成的单周期的两级供应链系统，建立了上游为领导者下游为跟随者的 Stackelberg 博弈模型，并用回购契约研究了供应链协调问题。Wu[84]分析了由两个制造商和一个零售商组成的供应链，需求分布类似报童模型的情况下，回购契约可以使竞争型供应链获得更高的利润，并且随着竞争的加剧，供应链的利润也在增加。黄晶和杨文胜[85]考虑资金约束的供应链下回购契约的有效性问题，结果表明供应商可以通过设置风险规避度来优化供应链，实现供应链的最优订货量与批发价组合，并通过最优的回购率和银行的最优贷款利率来达成供应链的协同。鄂仁秀等[86]针对市场需求不确定的条件，分别研究了批发价格契约与回购契约对资金约束型供应链的协调问题，并分析了销售商初始资金强弱对契约参数的影响，研究表明，赊销背景下批发价格契约无法实现协调，而回购契约能够实现资金约束型供应链的协调。

还有一些学者在风险共担契约、两部制定价契约等方面也做了相应的研究。Chen 等[87]针对单生产商和单零售商组成的供应链系统，提出了一种风险共担合同，第一阶段零售商为生产商的过度生产提供一定的补偿；第二阶段生产商为零售商的库存过多提供一定的信誉担保。研究表明，该契约不仅可以使供应链系统利润最大化，而且供应链成员可以通过调节契约参数使各自利润最大化。Oliveira 等[88]针对多供应商和多零售商组成的复杂的电力市场，研究如何进行供应链不同契约设计和两部制定价契约来实现供应链协调，研究表明两部制定价契约是减小双边际效应的最有效的途径，从而提高供应链的管理绩效。Cachon[89]在考虑剩余库存和需求更新情况下研究了两周期供应链的协调问题，结果表明，供应链的运作效率在单契约的情况下最低，而推式和拉式契约的情况下则较高。陈树桢等[90]针对电子商务环境下线上线下并存的双渠道模式，在采用促销的方式后对产品价格影响，对集中决策与分散决策产品的定价策略进行了对比，采用促销水平补偿契约，并结合两部制定价契约对供应链的协调进行了研究。此外，还有学者对不同环境下制定不同的契约的问题进行了研究。Feng 和 Lu[91]对由供应商和零售商组成的两级供应链协调契约进行了研究，在不同的竞争情境下制定不同的契约，使得供应链各成员在最大化自身利润的同时也使整个供应链的利润最大化。

2.3　博弈论及委托代理理论

供应链优化是指通过有效的方式方法，使供应链各成员在自身利益最大化的同时保持供应链整体利益最大化。在供应链管理中，目前的研究多采用博弈论和委托代理理论等方法对供应链上的各节点企业以及整个供应链进行优化。

2.3.1　博弈论

博弈论始于 1944 年 von Neumann 和 Morgenstern 合作的《博弈论和经济行为》。自 1950 年以来，Nash 等对非合作博弈理论的研究使博弈论逐步走向成熟。在博弈理论中，往往认为人是理性的，并且会在一定的制约下最大化自己的利益。博弈论已经广泛应用于供应链管理（Chung 等[92]、Sigué[93]）。关于博弈论的研究，最具有代表性的是 Nagarajan 和 Sošić[94]对合作博弈论在供应链管理中的应用做的详尽的介绍，指出博弈论简单来讲就是决策主体为使得自己利益最大化做出决策时同时要考虑其他参与主体做出同样决策时对自己决策的影响。目前，供应链中多采用 Stackelberg 博弈、讨价还价博弈、合作博弈等几种方法来进行研究。

1. Stackelberg 博弈

Stackelberg 博弈是一种先动优势模型，首先行动者在竞争中取得优势，它是供应链中协调优化的重要方法，许多学者运用 Stackelberg 博弈对供应链中竞争问题进行协调优化。宋华明等[95]建立了易逝品供应链中制造商为领导者、零售商为跟随者的供需 Stackelberg 博弈模型，在供应链中，产品的价格与需求量之间是相互影响的，制造商和零售商都会根据产品的价格需求进行选择，最终消除了双重边际效应，并得出了达成契约协调的具体条件。Nakamura[96]分析了一个领导者和多个追随者在需求不确定情况下的 Stackelberg 博弈，研究表明，关于追随者对需求不确定性的估计的公共信息的权重决定了领导者和每个追随者之间的战略关系：当其关系是战略补充时，领导者可以退出市场，阈值取决于追随者之间古诺（Cournot）竞争的强度。Giri 和 Sharma[97]研究了由一个制造商和两个竞争的零售商组成的供应链系统，制造商作为 Stackelberg 的领导者，制定每个零售商的批发价格，这两个零售商相互竞争，有不同的销售成本，通过求解得出零售商和制造

商的最佳策略，结果表明制造商采用不同的批发定价策略总是有利的。孟令鹏等
[98]在产能有限的条件下，同质产品市场中两企业以价格为决策变量进行
Stackelberg 竞争，并分析了领导者企业生产能力大于追随者企业的不对称情形，
并给出相应均衡，结果显示企业价格竞争的前提是充分大的供给能力，追随者企
业应在领导者企业生产能力较大时进入市场。霍良安等[99]采用 Stackelberg 博弈理
论的方法分析了展会管理者与参观者的利润关系，构建了利润函数模型，以利润
最大和成本最小为目标，制定合理的疏散方案，最终达成双方利益之间的协调。
Zhao 等[100]针对两级供应链中的定价和垂直合作广告决策，使用 Stackelberg 博弈
模型，制造商作为领导者，零售商作为跟随者，获得闭环供应链的均衡解决方案，
并明确如何进行定价和广告决策。Fang 等[101]研究了具有随机需求和价格敏感需
求的两个竞争供应商，这两家供应商作为 Stackelberg 的领导者，生产可替代的产
品，通过每个独家零售商分销，并可以提供托运合同或批发价格合同，最终确定
不同供应商的均衡合同选择问题。

2. 讨价还价博弈

讨价还价博弈是用完全信息动态博弈的方法，将无限期讨价还价博弈简化成
有限期讨价还价博弈，并构建轮流出价讨价还价的模型，最终达成帕累托最优的
一种博弈过程。Ma 等[102]考虑一个具有单制造商和单零售商的供应链，只有一个
具有随机需求的产品，然后将问题模型化为纳什讨价还价问题，其中制造商和零
售商谈判批发价格与订单数量，结果表明批发价格与订单数量存在一个纳什议价
均衡，具有平等和不平等的议价能力。Aust 和 Buscher[103]认为制造商可以通过在
垂直合作广告计划的框架内承担所发生成本的一小部分来增加其零售商的广告支
出，采用讨价还价博弈模型，提出在共享利润的基础上，考虑博弈方的风险态度
和议价能力，制定制造商和零售商的定价决策。李华等[104]在不完全竞争的条件下，
建立并求解了无限期 Rubinstein 轮流出价讨价还价博弈，并利用破裂点分析了代
理人的机会主义支付，在考虑到代理人利益的前提下实现委托人利益的最大化。
Arin 等[105]研究了具有否决权博弈方的联盟博弈的分配程序，博弈一方的提议博弈
另一方必须接受或拒绝，并且在拒绝者和提议者之间解决冲突，如果所有博弈方
都是完全理性的，则按移动的顺序使得更强的博弈方在较弱的博弈方响应该提议
之后，讨价还价博弈的最终结果仍然作为唯一的子博弈完美平衡结果而出现。浦

徐进等[106]在制造商主导的两级供应链系统下，考虑零售商的公平偏好对于促销努力水平和供应链运作效率的影响，并设计一个基于纳什讨价还价博弈的收益共享契约作为供应链协调机制，实现二者的帕累托改进并改善供应链运作效率。Aydin和 Heese[107]提出零售商与制造商可以相互竞价，并且交易条款为零售商和制造商之间的利润分配提供了依据，采用讨价还价模型来描述这种分类选择过程，在模型中，零售商与所有制造商进行同步双边谈判，最终制造商可以从与其合作的竞争对手中获益。

3. 合作博弈

合作博弈是指在博弈过程中，二者的利益不低于未采用博弈的利益，因而供应链整体的利益有所增加，在收益分配方面，研究供应链各方达成合作时如何分配合作得到的收益。Zhao 等[108]为解决小批量多批次订购所引发的供应链效率低下这个问题，采取合作博弈方法考虑使用期权合同来实现制造商-零售商供应链中的协调问题，研究表明，与基于批发价格机制相比，期权合约可以协调供应链并实现帕累托改进。Fiestras-Janeiro 等[109]针对供应链中库存管理的集中化和行动的协调化这一目标，进一步降低成本和提高客户服务水平是一个重要问题。在集中库存系统管理中采用合作博弈理论来建立一个新的集中库存模型，即多客户分销网络。曾银莲等[110]分别对考虑时间和数量的合并运输策略进行了研究，并探讨了如何分配运输费用才能达成协调的问题，据此基于合作博弈构建了利润函数的数学模型，研究显示前者的合并运输策略高于后者的运输策略，采用合作策略能够提高供应链的运作效率，同时降低成本。吕俊娜等[111]在对项目经济和社会经济效益协同考虑的基础上，针对具有不确定性的轨道交通的建设期补偿模式，采用不可逆的投资模型和合作博弈理论，建立了该情况下的特许期决策模型，以利润最大和成本最小为目标，最终求解出了最优均衡解。Lozano 等[112]采用线性模型研究不同企业在运输过程中可以实现的成本节约，通过合作博弈理论来解决分配合作成本节省的问题，并比较不同的合作博弈解决方案。Leng 等[113]考虑三个或更多零售商的空间交换问题，并以特征函数形式构建合作博弈，为了找到一个确保大联盟稳定性的独特分配方案，提出满足核心条件的加权 Shapley 值，并反映零售商的议价能力，分析表明更多零售商的空间交换可以导致更高的系统范围的利润盈余，从而根据公平计划为每个零售商提供更高的分配。王选飞等[114]基于

Shapley 值法对通信运营商、金融机构、第三方支付平台的协同效应进行分析，并数字量化其价值贡献，采用合作博弈的方法，最终解决了利益分配问题，也为现实中的合作利益分配问题提供了理论依据。谢晶晶和窦祥胜[115]结合碳市场的特性，采用合作博弈理论，对考虑碳市场风险的碳配额价格体制进行了研究，研究表明通过三阶段博弈能够分散碳市场交易风险并且形成对应的机制。

2.3.2　委托代理理论

委托代理理论是在信息经济学的基础上发展起来的，简单来讲，委托人想使代理人按照委托人的利益选择决策行为，由于委托人无法直接观测到代理人的行动以及私有信息，所以只能得到代理人的不完全信息。委托人需要凭借观察到的信息与代理人达成奖惩机制，激励代理人做出对委托人最为有利的行为。因此，委托代理问题常常涉及激励机制的设计问题。目前，委托代理理论多用于供应链中激励机制的构建，其研究主要集中在转移价格的制定、成本分摊、信息价值努力程度、风险偏好程度、质量信息等。所建模型多是基于市场与激励相结合的协调系统，以改进组织绩效为目的建立的组织结构。目前，委托代理理论较多应用于供应链管理、工程项目、薪酬制度等方面。

1. 供应链管理中的委托代理研究

委托代理关系是指与信息不对称有关的交易，其研究始于 1970 年。Porteus和 Whang[116]是最早采用委托代理理论对供应链中的生产营销激励问题进行研究的，研究发现，制定合适的激励机制能够促进供应链成员协同合作，并且提高整体收益，基于此，得到了许多有意义的理论成果。Savaskan 和 Wassenhove[117]分别从三种不同的回收渠道，即制造商回收、零售商回收和第三方回收等建立了委托代理模型，对供应链进行优化，采用纳什均衡的方法做出最优决策。Webster和 Mitra[118]考虑政府补贴的情况，针对在制造商和原制造商存在竞争的两阶段模型，探讨了补贴机制对产品回收再制造这一过程的影响。Mitra 和 Webster[119]基于委托代理理论探究再制造商得到政府相关补贴时，最优决策对原制造商和再制造商利润的影响。Aksen 等[120]采用二次规划的方法建立政府补贴制造商机制下的委托代理模型，结果表明在回收率和收益率目标相同的情况下，支持性法规下政府给予企业的补贴比立法性质的法规更多。Hammond 和 Beullens[121]基于委托代理理论，考虑奖惩参数和变分不等式，建立闭环供应链的网络均衡模型。Ferguson 等[122]通过供应链协调来减少错误回收，进而提高零售商的努力程度，激励零售商增加收益。此外，也有一部分学者针对以第三方回收为研究对象的闭环供应链模式进行了相关研究。Guarnieri 等[123]考虑第三方回收的闭环供应链问题，采用多准则决策方法来进行建模，给供应链上的企业决策提供了合理的建议。Mahmoudzadeh 等[124]针对初始产品竞争激烈的现象，研究了用初始产品代替第三方再制造商所生产的再制造产品的情况，制定了对应的混合整数线性规划模型来确定回收处理时，最优的废旧品处理点以及资源配置方案。Deng 等[125]研究供应链中基于客户满意度调查的奖励预算限制的激励合同的设计，采用委托代理模型，考虑预算约束、调查回应率以及顾客满意度措施和需求之间的相关性，推导出供应链上基于顾客满意度的最优激励合同并研究这些因素对合同履约的影响。

2. 工程项目中的委托代理研究

在当前研究中，虽然有关于工程项目的合同设计，但这类文献较少，尤其是基于委托代理理论的项目合同，并且考虑风险偏好与契约形式的研究不多。一般情况下，工程项目中的委托代理研究主要从研究内容和研究方法这两方面进行展开。在研究内容上，Kwon 等[126]的研究考虑了在不完全信息下，业主无法监测到承包商的工作效率。此外，陈建华和马士华[127]从供应链整体的角度出发，从工期和成本两个方面对项目合同进行设计并实现整个供应链的协调优化。Jin 和 Chen[128]以成本最小为目标，研究高速公路的工程成本与工期之间的函数关系式，以及二者之间的激励机制，最终确定最优的工期和激励措施。张秀东等[129]考虑工程项目中的不完全信息，基于委托代理理论，构建业主与承包商的利润的数学模型，同时考虑承包商的风险偏好程度，探讨其对成本酬金合同的影响以及对业主与承包商利润的影响，研究加入工程技术投入程度后，各项成本及收益的变动趋势。在研究方法上，Iyer 等[130]针对工业生产领域，采用委托代理理论对汽车生产运营过程进行协调优化。Choi 等[131]和 Wu 等[132]考虑允许退货和有缺货惩罚的情况下，采用委托代理理论对不同风险偏好的决策者的优化策略进行了研究。Zhang 等[133]引入了 VaR 和 CVaR，采用委托代理理论，对单周期和多周期的库存控制问题进行了优化。陈勇强等[134]基于柯布-道格拉斯生产函数，考虑投入工期、成本、质量等因素，结合工程项目中业主与承包商的特点，构建激励契约模型。

3. 薪酬制度中的委托代理研究

委托代理理论是目前研究如何激励代理人使最终利益最大化的主要研究方法。王艳丽和张强[135]采用委托代理理论，建立委托人、代理人和经理的利润函数模型，求解委托人允许合谋，亦或制止合谋的一个取值区间范围，为实践提供理论依据。Müller 和 Turner[136]以利润最大化和成本最小化为目标，采用委托代理理论，建立业主和项目经理的函数关系式模型，制定合理的契约类型，为双方提供恰当的建议。董志强和严太华[137]研究了合谋惩罚机制对防合谋合约所能产生的影响，通过建立委托人、代理人和经理的三层代理模型，得出合理的薪酬设计机制。Bartling 和 Siemens[138]考虑道德风险的因素，为了达到激励员工的目的，通过采用委托代理理论和激励契约对模型进行优化。Hosseinian 和 Carmichael[139]针对风险中性的承包商进行研究，采用委托代理理论和激励契约对其进行优化协调。除此之外，在假设承包商风险中性、代理人风险厌恶的情况下进行研究，为实践提供了很好的建议和支撑[140, 141]。何山等[142]从隐藏收益和在职消费的视角，基于委托代理理论和线性契约，考虑代理人只顾自身利益的行为，对激励契约进行设计，使得企业薪酬制度的改进在理论上得到了支撑。晏艳阳和金鹏[143]考虑引入委托人和代理人的公平偏好程度，构建多任务委托代理模型，对国企高管和政府主管部门的薪酬制度进行了设计与改进。

2.4 生鲜农产品供应链协调

近年来，诸多学者将供应链管理的思想引入生鲜农产品研究中，生鲜农产品供应链的协调有利于提高其整体效率和效益，因此包含零售市场在内的生鲜农产品供应链博弈分析和契约协调也是生鲜农产品的一个重要的研究热点。

2.4.1 博弈分析

在采用博弈论对供应链进行协调优化时，由于构成供应链系统中的供应商和零售商的数量不同，所以目前的研究多集中在"一对一"、"一对多"及"多对一"的供应链博弈等方面，具体综述如下。

1. "一对一"供应链博弈

Li 等[144]针对由单制造商和单零售商组成的两级供应链系统，考虑制造商和零售商的品牌投资、地方广告与广告费共担等因素，建立了博弈模型来研究市场均衡和投资水平的问题。Raj 等[145]针对性地提出了一对一的可持续供应链模型，采用博弈论的方法对五种不同契约形式进行对比分析。SeyedEsfahani 等[146]研究了单供应商和单零售商组成的供应链纵向合作广告及定价的问题，在模型中假设需求依赖于价格和广告投入，通过建立博弈模型，比较分析了供应商为领导者的Stackelberg 博弈、零售商为领导者的 Stackelberg 博弈及上下游企业各自决策的纳什均衡博弈下的均衡决策，并通过议价模型使供应链达到协调。Zhang 等[147]针对单制造商和单零售商组成的供应链系统，考虑消费者偏好，通过建立动态合作广告博弈模型，研究广告参考价格效应对供应链成员最优决策的影响。Zhang 和Huang[148]在纳什议价模型的基础上，通过建立两阶段动态博弈模型研究了供应链决策的问题。Zhu 和 Dou[149]建立了绿色供应链中政府与两个寡头企业之间的博弈模型，研究了政府补贴对企业利润及社会福利的影响。张李浩等[150]针对一对一的易变质产品供应链，采用无线射频识别（radio frequency identificati on，RFID）技术来提高流通速度、减小变质率对供应链收益的影响，通过建立博弈模型给出生产企业投资 RFID 技术的阈值。李琳和范体军[151]考虑 RFID 技术应用于一对一的生鲜农产品供应链中，可以降低生鲜农产品流通过程中质和量的损耗，从而增加了供应链的绩效，通过博弈模型分析供应链的最优决策变量及 RFID 成本的阈值范围，并探讨 RFID 成本对供应链决策变量的影响。Feng 等[152]分析一个动态的讨价还价博弈，其中卖方和买方协商产品的数量与交易贸易，在动态协商过程中，卖方可以屏蔽，而买方可以通过他们的报价信号发送信息，并且买方具有内生和类型相关的预留利润。研究发现改进的需求预测有利于买方，但是当买方的预测精度低时，损害卖方；然而，一旦买方的预测精度超过阈值，双方都将从进一步改进预测中受益。Han 等[153]基于 Bargaining 博弈对电子商务平台采用的混合运营模式下单制造商和单电子零售商的定价与议价策略进行了研究，结果表明，批发价格和电子零售价格都受服务质量的影响，同时也受到可变佣金的影响。

Jeihoonian 等[154]针对一个两级闭环供应链的两种模型（经典的供应商管理库存和寄售库存协调），考虑了三个关键的环境问题，即生产过程中使用的能源、生产和运输活动的温室气体排放以及再制造二手物品的次数，结果表明，与传统优化方法相比，库存相关成本总和有效降低再制造回收时间更短，生产运作效率得到了提高。Wang 和 Chen[155]在报童模型的框架下，基于 Stackelberg 博弈研究了由单供应商和单零售商组成的生鲜农产品供应链的协调问题，并得知供应商的最优期权定价政策独立于需求风险和批发价格，生鲜农产品的流通损失增加了供应链的管理风险。

2. "一对多" 供应链博弈

Ledari 等[156]考虑由一个制造商和多个零售商组成的供应链系统，通过建立报童模型研究了不含提前期的供应链决策问题。Yang 和 Zhou[157]针对单个制造商和两个竞争型零售商组成的两级供应链，在该供应链中制造商作为领导者首先对批发价格做出决策，零售商作为跟随者然后对零售价格做出决策，且对比分析了零售商之间进行古诺竞争、Stackelberg 博弈和相互协作时对供应链成员决策的影响。Almehdawe 和 Mantin[158]针对单个制造商和多个零售商组成的两级供应链，分别考虑制造商为领导者和其中一个零售商为领导者两种情形下基于 Stackelberg 博弈的库存模型。Wu 等[159]针对单个供应商和两个零售商组成的两级供应链，分别研究了供应商为领导者、零售商为领导者及他们之间进行 Stackelberg 竞争时，下游零售商横向竞争和纵向竞争六种情形下供应链成员的决策问题。Trivedi[160]分别研究了供应商通过单一零售商销售产品和通过两个零售商同时销售产品时供应链的决策问题。Qi 等[161]针对由单个制造商和两个零售商组成的供应链系统，考虑消费者市场搜索行为，通过建立博弈模型获得在批发价格为内生变量和外生给定时供应链的决策行为。研究表明，批发价格外生给定时，消费者市场搜索行为使得零售商的订货量和供应链的效益提高；相反，在批发价格为内生变量时，消费者市场搜索行为会使零售商的订货量下降，供应链效益降低，而制造商通过较高的批发价格获取更大的收益。Alaei 等[162]针对单个制造商和两个零售商组成的供应链系统，通过建立博弈模型研究制造商如何和零售商进行合作广告投资的问题。Choudhary 和 Shankar[163]通过混合整数线性规划公式来量化供应商，确定供应商管理库存的价值超过具有服务水平约束的非固定随机需求下的信息共享的独立决策，进而研究供应商管理库存在预期成本节省、库存减少和从供应商到零售商的装运尺寸减少方面提供的增量值。Islam 等[164]提出了一个由单供应商、单制造商和多零售商组成的三级供应链的制造商管理委托政策（consignment policy，CP）模型，并与传统政策（traditional policy，TP）模型进行比较，研究表明所有供应链成员在委托政策模型下能够获得更多的利润，而且三级供应链比两级供应链更好。

3. 多对一供应链博弈

在现实中，一些零售商处于非常强势的地位，为了保证充足的货源，同时提高供应商的服务水平，可能会选择多个供应商供货，即形成多对一供应链架构。为此，一些学者针对多对一供应链决策及协调问题进行了有意义的研究。王小龙和刘丽文[165]研究了由多供应商和单零售商组成的两级供应链，在零售商为主导下的供应链协调问题。Sinha 和 Sarmah[166]考虑多对一的两级供应链系统，即两个供应商通过一个共同的零售商销售竞争性产品，分别研究了供应商之间直接展开竞争、制造商之间渠道协调及集中决策下供应商之间的竞争对供应链成员决策的影响。在此基础上，Jena 和 Sarmah[167]研究了由两个制造商和一个零售商组成的闭环供应链，竞争因素对供应链决策的影响。Zhao 等[168]在生产成本和市场需求模糊的情况下，通过建立博弈模型研究两个竞争性制造商和一个零售商组成的两级供应链的决策问题。冯爽和张科静[169]基于收益共享契约研究了两个制造商和一个零售商供应链的协调问题。Yang 和 Ma[170]采用两阶段博弈来研究供应链中的不对称信息的两部定价契约，该供应链包括两个供应商和一个零售商，供应商通过竞争向零售商销售他们的产品，这些产品是部分替代品，其中零售商面临随机需求并且具有关于市场的优越信息，结果表明更高的替代率意味着更低的购买价格和更高的固定费用，然而更大的竞争强度对供应商是不利的。

2.4.2　契约协调

近年来，生鲜农产品供应链协调研究着重于探寻影响供应链整体运作效率的因素，寻找提高效率的主要途径，构建生鲜农产品供应链运作的新形式，发现供应链各节点企业间的利益协调问题，并通过收益共享契约、数量折扣契约和回购契约等在供应商与零售商之间分散风险并实现收益关联，最终达到利益最大化。Fritz 和 Hausen[171]对影响农产品供应链管理的现实情况和供应链协调的复杂结构的因素，在信息共享的基础上提出了食品供应链的协调优化方式。Du 等[172]为了改善生鲜农产品库存系统的服务水平，提升消费者需求的能力，构建了协同式供应链库存管理策略模型，研究表明该策略能够降低库存损失，减少库存波动的幅度。肖勇波等[173]针对由供应商和零售商组成的两级生鲜农产品供应链，考虑远距离运输的供应链协调问题，探究了供应商与零售商的风险分担机制，以及其对供应链的影响问题。Hahn 等[174]对于零售商未销售出去的变质产品，供应商不会回购，但会以一定的批发价格折扣将产品提供给零售商，在此种情形下对供应商的价格折扣契约进行了研究，并分析了零售商的最优定价决策和最优订货量。Huang 等[175]对基于订货提前期的价格折扣机制进行了相关研究，研究表明该契约机制可以减少生鲜农产品在流通过程中的价值损耗，降低零售商的订货提前期，进而实现供应链的协调。Lau 等[176]考虑 Stackelberg 博弈下供应商处于领导地位，分析比较了批发价格契约、回购契约和供应商强制干预零售商定价的三种不同契约机制，对其绩效进行了对比，得出了相关结论。以上文献更多地集中于生鲜农产品在流通过程中各个节点企业的利益，以及供应商和零售商的库存管理策略与定价决策，并根据具体情况设计相关契约机制对供应链进行协调优化。

赵霞和吴方卫[177]假设生鲜农产品的生产受季节性和天气等因素影响，投入一定农资后产出呈随机分布，将农资投入作为决策变量进行收益共享契约设计；林略等[178]考虑了生鲜农产品的三级供应链系统，其中包括供应商、分销商和零售商，针对生鲜农产品的数量损耗和质量损耗建立了利润函数模型，采用收益共享契约对供应链的协调进行分析，得出了对应的均衡条件；曹宗宏和周永务[179]认为，变质性产品的市场需求率是库存水平的线性分段函数，缺货期的需求率与缺货量相关，在此情形下建立了由单供应商和单零售商构成的两级供应链协调模型，研究了供应商如何设计数量折扣计划来激励零售商合作；王婧和陈旭[180]在研究流通过程中生鲜农产品损耗的订货策略问题中引入了期权合同，并与未引入期权合同的基础模型进行了对比分析，阐释了期权合同如何在生鲜农产品零售商和批发商之间进行风险分担与利益关联，得到最优的厂商决策，进而实现整体利润最大化。上述文献主要基于生鲜农产品的损耗问题，研究生产商、分销商和零售商构成的生鲜农产品供应链协调，目的是协调生鲜农产品供应链上各主体的利益以实现整体利润最优。

事实上，生鲜农产品新鲜度的下降会影响其市场需求，进而影响产品的销售量，有研究从新鲜度影响产品需求的角度对包含供应商和零售商的两级供应链，以及包含供应商、零售商和第三方物流的三级供应链进行了探讨。Cai 等[10]考虑了产品的保鲜努力程度，针对包含由供应商和零售商组成的两级生鲜农产品供应链系统，分析了在分散决策和集中决策下的最优决策，最后采用数据分析验证了前面的结论，并在相关条件下达成了供应链的协调；郑琪和范体军[181]结合生鲜农产品流通过程产生巨大损耗的特性，研究了生鲜农产品新鲜度和风险偏好程度对供应链利润的影响，并探讨了生鲜农产品投入质量安全科技因素前后供应链利润的变动趋势。Cai 等[182]针对由供应商、零售商和第三方物流企业组成的三级生鲜农产品供应链，考虑市场需求的不确定性和产品的流通时间，对数量损耗和质量损耗双重损耗下的生鲜农产品供应链分别在分散决策与集中决策时的最优决策进行了分析。上述文献考虑了生鲜农产品的双重损耗特点并对其价格决策和供应链运作过程进行了优化与协调设计，但没有考虑零售商风险偏好、产品的需求价格弹性以及保鲜努力程度对市场需求的影响。因此，综合考虑零售商风险偏好、产品的需求价格弹性以及保鲜努力程度等因素的变化以及生鲜农产品的易腐性，对探究生鲜农产品的契约协调机制有重要的意义。

第3章 考虑风险偏好的生鲜农产品供应链契约协调研究

3.1 问题的提出

生鲜农产品作为现代农业的重要组成部分,它的供应链运作关系着民生问题的保障和改善[1]。然而,其在流通过程中损耗率惊人,质量安全也令人担忧,这给生鲜农产品供应链管理提出了新的挑战。因此,迫切需要研究供应链各节点企业如何制定契约协调机制,进而提高生鲜农产品的流通效率并降低损耗率。尽管不少企业已经通过改善保鲜措施,减少供应链的配送环节来降低产品损耗,但生鲜农产品供应链面临内外环境的诸多不确定性,如需求不确定导致企业的库存积压和库存不足造成的损失等,使得供应链存在一定的风险。事实表明,零售商的不同风险偏好程度对供应链各节点企业决策的影响有着至关重要的作用,同时,信息不对称性以及零售商的风险偏好程度,对供应链的成本构成、盈利模式及供应链成员之间原有的合作方式也产生了很大的影响。供应链成员通过上下游企业之间通力合作,在不损失各方利益的前提下有效减少碳排放,无疑将使其获得新的竞争优势。而现有的文献缺乏考虑生鲜农产品供应链上的风险偏好问题,以及结合生鲜农产品的特性对供应链的契约协调机制进行研究,更重要的是,没有探究采用协调机制后供应链契约参数的变化问题。

基于此,针对生鲜农产品市场价格的需求不确定性,将生鲜农产品的产品新鲜度及风险偏好程度融入激励契约的设计中。考虑生鲜农产品生产的季节性和周期性、流通的易腐性和时鲜性、消费的时效性和品质性,结合契约合同理论、风险管理理论和委托代理理论,引入生鲜农产品的产品新鲜度及风险偏好程度,对生鲜农产品供应链的激励契约进行设计,得出了一些有意义的结论并给出了相应的管理启示。

3.2　模型描述与假设

本章针对由一个生鲜农产品供应商与一个生鲜农产品零售商组成的两级生鲜农产品供应链系统进行研究，在这里，生鲜农产品供应商是指以供应商作为生产单位的组织，大型连锁超市是生鲜农产品的零售商。本章考虑在生鲜农产品销售过程中零售商的努力水平 e 对农产品采购量与质量的影响，以及风险偏好程度 ρ 对订货量的影响。在生产与销售季节来临之前，生鲜农产品供应商与零售商签订一个双方商定的激励契约：生产季节开始后生鲜农产品供应商根据零售商的采购计划在一定农资投入的基础上决策整个生产过程中的种植面积及品类并进行生产；生产季节结束后零售商以一定的采购价格收购生鲜农产品供应商提供的所有农产品，随后零售商决策销售价格并在销售市场进行销售。

在这个过程中，生鲜农产品供应商与零售商之间的信息是不对称的，生鲜农产品供应商不能观察到零售商的行为或即使观察到了零售商的行为，但不知道这个行为是由零售商本身的努力水平 e 引起的还是由政府政策、天气情况等外生的不确定性因素 x 引起的，生鲜农产品供应商在对激励契约设计时，必须考虑到零售商的参与约束以及对零售商的激励相容约束，进而得到最优解。因而，在生鲜农产品的激励契约设计中的各影响因素——零售商付出的努力程度、风险偏好程度、产出所得收益中双方的分成份额、零售商付出努力的成本、产品新鲜度的分析都是基于这个原则。所得的激励契约就是指既能够促使生鲜农产品供应商积极参与，又能激励零售商提高努力水平和履约率，并使生鲜农产品供应链所获得期望效用最大。根据委托代理理论中的机制设计，生鲜农产品供应商要想使自己的期望效用最大化，必须满足两个约束：参与约束和激励相容约束。

结合现实情况，我们做出如下假设。

（1）生鲜农产品供应链由一个生鲜农产品供应商和一个零售商组成。二者追求自身利益的最大化，且具有完全理性的充分分析能力。

（2）影响生鲜农产品供应商与零售商的政府政策、天气情况等外生因素具有不确定性，且服从均值为零、方差为 σ^2 的正态分布。

（3）零售商具有"私人信息"，且不容易直接观察到该行为，零售商与生鲜农产品供应商之间的信息是不完全的。

本章所涉及的主要参数符号如下。

e 为零售商选择付出的努力程度，y 为零售商所采购农产品的效用函数，ρ 为风险偏好程度，k 为生鲜农产品销售过程中所得利润的零售商的分成份额，$1-k$ 为生鲜农产品供应商的分成份额，θ 为生鲜农产品的新鲜度，$\pi(y)$ 为零售商与生鲜农产品供应商的激励契约，$c(e)$ 为零售商付出努力的成本，u_0 为零售商的最低保留收入，β 为成本系数，$v(\cdot)$ 为生鲜农产品供应商的期望效用函数，$u(\cdot)$ 为零售商的期望效用函数，$f(y,e)$ 为分布函数，$F(y,e)$ 为密度函数。

3.3　生鲜农产品供应链的激励契约设计

3.3.1　完全信息下生鲜农产品供应链的激励契约设计

零售商所采购农产品的效用函数为 $y=e+x$，其中 x 为政府政策、天气情况等外生的不确定性因素，并且 $x \sim N(0,\sigma^2)$，即 $Ey=E(e+x)=e$，$\mathrm{var}(y)=\sigma^2$。生鲜农产品供应商设计的激励契约为 $\pi(y)=s+ky$，其中 s 为双方商定的固定收益，y 每增加一个单位，零售商的可变收入增加 k 单位，其中 $0 \leqslant k \leqslant 1$。

定理 3.1　对于两级生鲜农产品供应链，通过引入激励契约机制，在完全信息下，零售商存在唯一的最优努力水平和最优分成份额，生鲜农产品供应商也存在唯一的最优分成份额和对零售商最优固定收益的决策，使得双方期望利润最大化。

证明：在给定的激励契约为 $\pi(y)=s+ky$ 的情况下，生鲜农产品供应商的期望效用等于期望收入，即 $Ev(y-t(y))=E(y-s-ky)=-s+(1-k)e$。

零售商付出努力的成本 $c(e)$ 可以等价于货币成本，根据张维迎对努力程度所消耗成本的量化，$c(e)=\dfrac{1}{2}\beta e^2$，其中 $\beta>0$，表示成本系数 β 越大，零售商付出努力所消耗的成本就越大，同样的努力 e 带来的正效应就越小。零售商的实际收入为

$$u=\pi(y)-c(e)=s+k(e+x)-\frac{1}{2}\beta e^2$$

根据文献[10]可得，生鲜农产品的新鲜度衰减函数为 $\theta(t)=\theta^t$，θ 为生鲜农产品上架时的新鲜度，其取值范围为 $0<\theta<1$；损耗率函数为 $h(\theta(t))=-\theta^t \ln\theta$，该

函数和新鲜度 θ 有关，是时间 t 的连续递减函数，$\ln\theta < 0$，$h(\theta(t)) > 0$。由于生鲜农产品供应商与零售商之间是完全信息，确定性等价收入等于实际收入减去产品损耗所带来的价值损失，即 $(1-h(\theta(t)))\left(s+k(e+x)-\dfrac{1}{2}\beta e^2\right)$。

u_0 为零售商的最低保留收入，根据生鲜农产品供应商的参与约束条件，当确定性等价收入不小于 u_0 时，零售商才会接受激励契约。因此，零售商的参与约束 IR 为

$$(1-h(\theta(t)))\left(s+k(e+x)-\frac{1}{2}\beta e^2\right) \geqslant u_0 \tag{3-1}$$

在完全信息下，生鲜农产品供应商可以监测到零售商付出的努力程度 e。因此，激励相容约束不起作用，零售商的努力程度可以通过满足参与约束来实现最优激励契约。由此可知，生鲜农产品供应商获得最优利润所需满足的数学模型为

$$\max_{s,k,e} Ev = -s + (1-k)e$$
$$\text{s.t.} (1-h(\theta(t)))\left(s+k(e+x)-\frac{1}{2}\beta e^2\right) \geqslant u_0 \tag{3-2}$$

在实际情况下，生鲜农产品供应商只要达到自身的收益最大化，是不愿意支付给生鲜农产品供应商更多利润分成的。所以，上述激励契约的利润模型可以表述为

$$\max_{s,k,e}\left(e-\frac{u_0}{1+\theta^t\ln\theta}+kx-\frac{1}{2}\beta e^2\right) \tag{3-3}$$

根据隐函数的求导法则，分别对 k，e 进行求导，可得

$$e^* = \frac{1}{\beta}, k^* = 0 \tag{3-4}$$

将式（3-4）代入零售商的参与约束 IR 中可得

$$s^* = \frac{u_0}{1+\theta^t\ln\theta} + \frac{1}{2\beta} \tag{3-5}$$

式（3-5）即帕累托最优激励契约，在完全信息下，生鲜农产品供应商支付给零售商的固定收益等于零售商最低保留收入与付出努力程度所消耗的成本之和。

此时，生鲜农产品供应商可以观察到零售商所选择的努力程度 e，并且观察到零售商选择的努力程度 $e < \dfrac{1}{\beta}$ 时，二者的激励契约设计为 $s < u_0 < s^*$，因此零售商决定做出的努力程度为 $e = \dfrac{1}{\beta}$ 时达到帕累托最优。

3.3.2　不完全信息下生鲜农产品供应链的激励契约设计

在不完全信息下，零售商付出的努力程度 e 是私人信息，只有零售商自己知道，生鲜农产品供应商观察不到，不能达成完全信息下的帕累托最优。ρ 为风险偏好程度，$\dfrac{1}{2}\rho k^2 \sigma^2$ 为零售商的风险成本。其中 ρ 的取值范围为 $0 \leqslant \rho \leqslant 1$，当 $\rho \to 0$ 时，风险偏好程度越来越小；当 $\rho \to 1$ 时，风险偏好程度越来越大。

定理 3.2　在不完全信息下，如果零售商的分成份额大于零，那么零售商在生鲜农产品供应链的运作过程中必须承担一定的风险；生鲜农产品供应商虽然不能完全观测到零售商的努力程度，但通过与零售商之间的激励契约，能够实现自身期望利润的最大化。

证明：在给定 $k = 0$ 时，零售商将最大化自身的确定性等价收入来决定付出的努力程度，对确定性等价收入进行求导可得 $e = \dfrac{k}{\beta}$，即零售商的激励相容约束 IC 为 $e = \dfrac{k}{\beta}$，由此可知，生鲜农产品供应商获得最优利润所需满足的数学模型为

$$\max_{s,k} Ev = -s + (1-k)e$$

$$\text{s.t.} \begin{cases} (1-h)\left(s + ke - \dfrac{1}{2}\beta e^2 - \dfrac{1}{2}\rho k^2 \sigma^2\right) \geqslant u_0 \\ e = \dfrac{k}{\beta} \end{cases} \tag{3-6}$$

求解，可得

$$\max_{k} Ev = \frac{k}{\beta} - \frac{k^2}{2\beta} - \frac{1}{2}\rho k^2 \sigma^2 - \frac{u_0}{1 + \theta^t \ln \theta} \tag{3-7}$$

根据隐函数的求导法则，对 k 进行求导，可得

$$k = \frac{1}{1 + \rho\beta\sigma^2} \tag{3-8}$$

由式（3-7）可知，在不完全信息下，通过生鲜农产品供应商与零售商之间的激励契约，能够实现自身期望利润的最大化；由式（3-8）可知，若 $k > 0$，则零售商在供应链运作过程中承担一定的风险。

在生鲜农产品供应商与零售商无法达成信息共享的情况下，产生了帕累托最优，风险分担无法达到，根据委托代理理论中风险成本和激励成本的计算方法可得此时的风险成本为

$$C_{r1} = \frac{1}{2} \rho k^2 \sigma^2 = \frac{\rho \sigma^2}{2(1 + \rho \beta \sigma^2)^2} \tag{3-9}$$

在完全信息下，帕累托最优时的努力水平 $e^* = \frac{1}{\beta}$；在不完全信息下，生鲜农产品供应商激励零售商的最优努力水平为

$$e = \frac{k}{\beta} = \frac{1}{\beta(1 + \rho \beta \sigma^2)} < e^*$$

由于期望产出为 $Ey = e$，所以期望产出的净损失为

$$\Delta Ey = \Delta e = e^* - e = \frac{\rho \sigma^2}{1 + \rho \beta \sigma^2} > 0$$

努力成本的节约为

$$\Delta C = C(e^*) - C(e) = \frac{2\rho \sigma^2 + \beta \rho^2 \sigma^4}{2(1 + \rho \beta \sigma^2)^2} > 0$$

此时的激励成本为

$$C_{i1} = \Delta Ey - \Delta C = \frac{\beta \rho^2 \sigma^4}{2(1 + \rho \beta \sigma^2)^2} > 0 \tag{3-10}$$

由此可知，零售商在供应链运作过程中需要承担的成本为

$$C_{a1} = C_{r1} + C_{i1} = \frac{\rho \sigma^2}{2(1 + \rho \beta \sigma^2)} > 0 \tag{3-11}$$

如果零售商在供应链运作过程中想要获得利润的分成，则必须承担一定的风险，此时生鲜农产品供应商激励零售商的最优努力水平为 $\frac{1}{\beta(1 + \rho \beta \sigma^2)}$，零售商在供应链运作过程中承担的成本为 $\frac{\rho \sigma^2}{2(1 + \rho \beta \sigma^2)}$。因此，本书考虑引入风险偏好因子来对生鲜农产品供应链的激励契约进行设计。

3.4 考虑零售商风险偏好的生鲜农产品供应链激励契约设计

由于无法预知未来的市场需求量而盲目制订采购计划等因素的影响，生鲜农产品产生库存积压进而造成价值损耗，零售商会承担一定的风险，通过引入该风险因子对生鲜农产品供应链激励契约进行设计，使得供应链的利润在一定程度上得到提高。然而，面对日益严峻的生鲜农产品质量安全问题，该领域的科技投入不足问题就显得更加尖锐。目前我国生鲜农产品质量安全科技投入不足、资金缺口较大等，严重影响了科技创新与科研成果的产生，使得我国生鲜农产品科技发展缺乏足够的后劲。加大生鲜农产品的科技投入对提高产品质量安全具有重要意义。

定理 3.3 在不完全信息下，通过加入对生鲜农产品质量安全科技投入 b，可以提高零售商的分成份额，且在一定程度上降低了零售商在生鲜农产品供应链运作过程中的风险成本、激励成本以及最终的总成本；当采用激励契约后，零售商通过一定的最优努力程度，可获得最优分成份额，并使自身期望效用最大化。

证明：假设 b 为不完全信息下生鲜农产品供应商可以观察到的在生鲜农产品供应链中对产品质量安全科技投入，且 b 与零售商付出的努力程度 e 无关，与政府政策等外生的不确定性因素 x 有关，与零售商采购农产品的效用函数 y 有关，$b \sim N(0, \sigma_b^2)$。生鲜农产品供应商设计的激励契约为 $\pi(y,b) = s + k(y + \gamma b)$，$\gamma$ 表示零售商的收入与 b 的相关性，如果 $\gamma = 0$，零售商的收入与 b 无关。生鲜农产品供应商最为重要的问题是选择最优的 s、k 和 γ。

在给定的激励契约为 $\pi(y,b) = s + k(y + \gamma b)$ 的情况下，零售商的确定性等价收入为 $(1-h)\left(s + ke - \frac{1}{2}\beta e^2 - \frac{1}{2}\rho k^2 \operatorname{var}(y + \gamma b) \right)$，代入后为 $(1-h)[s + ke - \frac{1}{2}\beta e^2 - \frac{1}{2}\rho k^2 \times (\sigma^2 + \gamma^2 \sigma_b^2 + 2\gamma \operatorname{cov}(y,b))]$，零售商的参与约束 IR 为确定性等价收入不小于 u_0。

对于生鲜农产品供应商设计的激励契约，零售商选择 e 最大化确定性等价收入。对其进行求导，可得零售商的激励相容约束 IC 为 $e = \dfrac{k}{\beta}$。

由于 b 与 e 无关，γ 对零售商的努力程度没有影响。生鲜农产品供应商的期望收入为

$$E(y - s - k(y + \gamma b)) = -s + (1-k)e$$

由此可知，生鲜农产品供应商获得最优利润所需满足的数学模型为

$$\max_{s,k} Ev = -s + (1-k)e$$

$$\text{s.t.} \begin{cases} (1-h)\left(s + ke - \dfrac{1}{2}\beta e^2 - \dfrac{1}{2}\rho k^2(\sigma^2 + \gamma^2\sigma_b^2 + 2\gamma\,\mathrm{cov}(y,b))\right) \geqslant u_0 \\ e = \dfrac{k}{\beta} \end{cases} \quad (3\text{-}12)$$

将 IR 和 IC 代入目标函数，其可以化为

$$\max_{k,\gamma} \frac{k}{\beta} - \frac{1}{2}\rho k^2(\sigma^2 + \gamma^2\sigma_b^2 + 2\gamma\,\mathrm{cov}(y,b)) - \frac{k^2}{2\beta} - \frac{u_0}{1 + \theta^t \ln\theta}$$

上述目标函数分别对 k 和 γ 进行求导，得

$$\frac{1}{\beta} - \rho k(\sigma^2 + \gamma^2\sigma_b^2 + 2\gamma\,\mathrm{cov}(y,b)) - \frac{k}{\beta} = 0 \quad (3\text{-}13)$$

$$\gamma\sigma_b^2 + \mathrm{cov}(y,b) = 0 \quad (3\text{-}14)$$

解式（3-13）和式（3-14）可得

$$k = \frac{1}{1 + \rho\beta\left(\sigma^2 - \dfrac{\mathrm{cov}^2(y,b)}{\sigma_b^2}\right)} \quad (3\text{-}15)$$

$$\gamma = -\frac{\mathrm{cov}(y,b)}{\sigma_b^2} \quad (3\text{-}16)$$

由于 $\sigma^2\sigma_b^2 \geqslant \mathrm{cov}^2(y,b)$，所以 $0 < k < 1$。

在考虑生鲜农产品质量安全科技投入 b 后，可以得到，当 $\mathrm{cov}(y,b) \neq 0$ 时，将 b 作为一个因素列入激励契约，零售商的分成份额为

$$k = \frac{1}{1 + \rho\beta(\sigma^2 - \dfrac{\mathrm{cov}^2(y,b)}{\sigma_b^2})} > \frac{1}{1 + \rho\beta\sigma^2}$$

此时零售商的分成份额得到了提高，激励契约的激励力度也得到了提高。另外，零售商所要承担的风险为

$$\mathrm{var}(\pi(y,b)) = \frac{\sigma^2 - \dfrac{\mathrm{cov}^2(y,b)}{\sigma_b^2}}{\left(1 + \rho\beta\left(\sigma^2 - \dfrac{\mathrm{cov}^2(y,b)}{\sigma_b^2}\right)\right)^2}$$

而 $\mathrm{var}(\pi(y)) = \dfrac{\sigma^2}{(1+\rho\beta\sigma^2)^2}$ ，所以 $\mathrm{var}(\pi(y,b)) < \mathrm{var}(\pi(y))$ ，此时零售商所承担的风险降低了。

在不完全信息下，将生鲜农产品供应商可以观察到的产品质量安全科技投入 b 列入激励契约后，风险成本为

$$C_{r2} = \frac{1}{2}\rho\,\mathrm{var}(\pi(y,b)) = \frac{\rho\left(\sigma^2 - \dfrac{\mathrm{cov}^2(y,b)}{\sigma_b^2}\right)}{2\left(1+\rho\beta\left(\sigma^2 - \dfrac{\mathrm{cov}^2(y,b)}{\sigma_b^2}\right)\right)^2}$$

生鲜农产品供应商期望产出的净损失为

$$\Delta Ey = \Delta e = e^* - e = \frac{\rho\left(\sigma^2 - \dfrac{\mathrm{cov}^2(y,b)}{\sigma_b^2}\right)}{1+\rho\beta\left(\sigma^2 - \dfrac{\mathrm{cov}^2(y,b)}{\sigma_b^2}\right)}$$

努力成本的节约为

$$\Delta C = \frac{2\rho\left(\sigma^2 - \dfrac{\mathrm{cov}^2(y,b)}{\sigma_b^2}\right) + \rho^2\beta\left(\sigma^2 - \dfrac{\mathrm{cov}^2(y,b)}{\sigma_b^2}\right)^2}{2\left(1+\rho\beta\left(\sigma^2 - \dfrac{\mathrm{cov}^2(y,b)}{\sigma_b^2}\right)\right)^2}$$

激励成本为

$$C_{i2} = \Delta Ey - \Delta C = \frac{\rho^2\beta\left(\sigma^2 - \dfrac{\mathrm{cov}^2(y,b)}{\sigma_b^2}\right)^2}{2\left(1+\rho\beta\left(\sigma^2 - \dfrac{\mathrm{cov}^2(y,b)}{\sigma_b^2}\right)\right)^2}$$

由此可知，零售商在供应链运作过程中需要承担的成本为

$$C_{a2} = C_{r2} + C_{i2} = \frac{\rho\left(\sigma^2 - \dfrac{\mathrm{cov}^2(y,b)}{\sigma_b^2}\right)}{2\left(1+\rho\beta\left(\sigma^2 - \dfrac{\mathrm{cov}^2(y,b)}{\sigma_b^2}\right)\right)} \tag{3-17}$$

由此可知，在不完全信息下，将零售商可以观察到的产品质量安全科技投入 b 加入激励契约前后的结果进行比较可得到以下结论：生鲜农产品的分成份额得到了提高，同时契约的激励力度也得到了提高；当 $\mathrm{cov}(y,b)=0$ 时，零售商在供应链运作过程中需要承担的成本是相同的；当 $\mathrm{cov}(y,b)\neq0$ 时，风险成本、激励成本以及最终的总成本都在不同程度上有所降低，因此生鲜农产品供应链上的利润就得到了提高。

定理 3.4　在不完全信息下，加入对生鲜农产品质量安全科技投入 b 后，生鲜农产品供应商和零售商的利润随着生鲜农产品的损耗率的增大而减少，随着风险偏好程度的增加先减小后增大，当 y 与 b 具有相关性时，生鲜农产品供应链的利润在一定程度上得到了提高。

证明：在不完全信息下，将生鲜农产品供应商可以观察到产品质量安全科技投入 b 列入激励契约后，零售商获得的利润函数为

$$\Pi_r = (1+\theta^t\ln\theta)$$

$$\times\left(s+ke-\frac{1}{2}\beta e^2-\frac{1}{2}\rho k^2(\sigma^2+\gamma^2\sigma_b^2+2\gamma\,\mathrm{cov}(y,b))-\frac{\rho\left(\sigma^2-\dfrac{\mathrm{cov}^2(y,b)}{\sigma_b^2}\right)}{2\left(1+\rho\beta\left(\sigma^2-\dfrac{\mathrm{cov}^2(y,b)}{\sigma_b^2}\right)\right)}\right)$$

（3-18）

因为 $h=-\theta^t\ln\theta$，所以生鲜农产品的损耗率 h 随着时间 t 的增大而增大，随着新鲜度 θ 的减小而增大。对利润函数（3-18）关于 h 进行求导，可得

$$\frac{\mathrm{d}\Pi_r}{\mathrm{d}h}=-\left(s+ke\beta e^2-\frac{1}{2}\rho k^2(\sigma^2+\gamma^2\sigma_b^2+2\gamma\,\mathrm{cov}(y,b))\right)<0,\quad\frac{\mathrm{d}^2\Pi_r}{\mathrm{d}h^2}=0$$

零售商的利润为单调递减函数，利润 Π 随着生鲜农产品的损耗率 h 的增大而减少，单位产品的利润随着时间 t 的增大而减少，随着新鲜度 θ 的减小而减少。

对零售商的利润函数关于 ρ 进行求导，可得

$$\frac{\mathrm{d}\Pi_r}{\mathrm{d}\rho}=-\frac{1}{2}k^2(\sigma^2+\gamma^2\sigma_b^2+2\gamma\,\mathrm{cov}(y,b))(1-h)$$

$$-\left(\frac{2}{\rho\left(\sigma^2-\dfrac{\mathrm{cov}^2(y,b)}{\sigma_b^2}\right)}+2\beta\right)^{-2}\cdot\frac{2}{\rho^2\left(\sigma^2-\dfrac{\mathrm{cov}^2(y,b)}{\sigma_b^2}\right)},\quad\frac{\mathrm{d}^2\Pi_r}{\mathrm{d}\rho^2}>0$$

零售商的利润为先单调递减，达到极值点后再单调递增的函数，利润 Π 随着风险偏好程度 ρ 的增加先减少后增大。

当 $\text{cov}(y,b) \neq 0$ 时，加入对生鲜农产品质量安全科技投入 b 后，由式（3-17）

可知，$\dfrac{\rho\left(\sigma^2 - \dfrac{\text{cov}^2(y,b)}{\sigma_b^2}\right)}{2\left(1 + \rho\beta\left(\sigma^2 - \dfrac{\text{cov}^2(y,b)}{\sigma_b^2}\right)\right)}$ 比加入 b 前有所降低，则零售商在供应链运作

过程中的利润得到了提高。

生鲜农产品供应商获得的利润函数为

$$\Pi_s = (1 + \theta^t \ln\theta)(-s + (1-k)e) \qquad (3\text{-}19)$$

因为 $h = -\theta^t \ln\theta$，所以生鲜农产品的损耗率 h 随着时间 t 的增大而增大，随着新鲜度 θ 的减小而增大。对利润函数式（3-19）关于 h 进行求导，可得

$$\frac{\mathrm{d}\Pi_s}{\mathrm{d}h} = -(-s + (1-k)e)$$

因为 $-s + (1-k)e > 0$，所以 $\dfrac{\mathrm{d}\Pi_s}{\mathrm{d}h} < 0$，$\dfrac{\mathrm{d}^2\Pi_s}{\mathrm{d}h^2} = 0$。

生鲜农产品供应商的利润为单调递减函数，利润 Π 随着生鲜农产品的损耗率 h 的增大而减少，单位产品的利润随着时间 t 的增大而减少，随着新鲜度 θ 的减小而减少。

通过引入风险因子和对产品质量安全科技投入等变量，生鲜农产品供应链的激励契约得到了优化，不仅可以降低风险成本，还可以提高零售商的努力水平，同时为双方获得更多的利润并优化生鲜农产品供应链。

3.5　算 例 分 析

现在以一种具体的生鲜农产品为例，阐述和验证本章的主要结论。假设生鲜农产品的成本系数 $\beta = 0.6$，零售商的最低保留收入 $u_0 = 0.2$ 万元，双方商定的固定收益 $s = 0.3$ 万元，政府政策、天气情况等外生的不确定性因素 $x = 0.5$，方差 $\sigma^2 = 0.9$，生鲜农产品质量安全科技投入 b 的方差 $\sigma_b^2 = 0.8$，零售商所采购农产品的效用函数 y 与质量安全科技投入 b 的协方差 $\text{cov}(y,b) = 0.6$。根据这些参数，可以得到以下结果。

当生鲜农产品的损耗率和风险偏好程度为某一特定值时，$\theta = 0.8$，$\rho = 0.5$，可以得出不同情形下生鲜农产品供应链的利润结果。

对比表 3.1 的结果可知，在完全信息下，零售商和生鲜农产品供应商的利润明显优于不完全信息下对应的利润结果，这验证了定理 3.1 的结论。在不完全信息下，加入对生鲜农产品质量安全科技投入 b 后，零售商和生鲜农产品供应商的利润，以及总利润都在一定程度上得到了提高，这与定理 3.3 相吻合。通过分析可以得到，加大生鲜农产品质量安全科技投入，提高信息的共享程度对生鲜农产品供应链的收益具有很好的优化作用。

表 3.1　不同情形下生鲜农产品供应链的利润结果对比

情形	零售商利润/万元	供应商利润/万元	总利润/万元
完全信息	1.3417	1.0899	2.4316
不完全信息(加入 b 前)	0.5563	0.4127	0.9690
不完全信息(加入 b 后)	0.7061	0.4908	1.1969

在不完全信息下，生鲜农产品损耗率和风险偏好程度对生鲜农产品供应链利润的影响也是不同的，为了进一步验证相关结论，分别令这两个参数其中一个不变，分析另一个可变参数对生鲜农产品供应链利润的影响。得到了生鲜农产品损耗率对供应链利润影响的趋势图和风险偏好程度对供应链利润影响的趋势图（图3.1 和图3.2）。

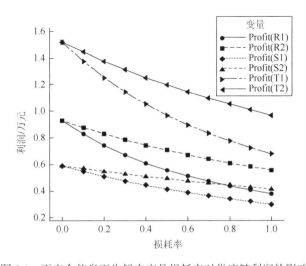

图 3.1　不完全信息下生鲜农产品损耗率对供应链利润的影响

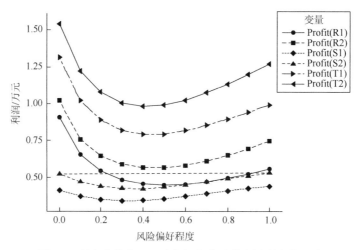

图 3.2　不完全信息下风险偏好程度对供应链利润的影响

在不完全信息下，图 3.1 和图 3.2 反映了生鲜农产品损耗率和风险偏好程度这两个参数有一个为固定值时，另一个对生鲜农产品供应链利润的影响。当风险偏好程度为固定值时，随着生鲜农产品损耗率的增大，即新鲜度的减小，生鲜农产品的零售商利润、生鲜农产品供应商利润、总利润也在逐渐减少；当生鲜农产品的损耗率为固定值时，随着风险偏好程度的增加，生鲜农产品的零售商利润、生鲜农产品供应商利润、总利润呈现先减少后增加的趋势。这符合定理 3.4 的结论。零售商可根据上述结果采购符合自己期望收益的不同新鲜度的产品，生鲜农产品供应商亦可根据上述结果选择符合自己期望收益的风险偏好程度的零售商进行合作。

当零售商的风险偏好程度 ρ 和产品损耗率 θ 同时变化时，在加入对生鲜农产品质量安全科技投入 b 后，生鲜农产品零售商和生鲜农产品供应商的利润在一定程度上都得到了提高，这一变化趋势和定理 3.3 完全吻合。而这两个参数变量对生鲜农产品供应链利润的影响可以用图 3.3 来说明。

在不完全信息下，由于生鲜农产品的损耗率及零售商的风险偏好程度的共同作用，供应链的利润也发生了一定的波动。从图 3.3 可以看出，当风险偏好程度一定时，生鲜农产品供应链利润随着产品损耗率的增大而减少；当产品损耗率一定时，生鲜农产品供应链利润随着零售商的风险偏好程度先减少后增大。这两个参数的同时变化使得生鲜农产品供应链利润在一定程度上呈现出了起伏涨落的趋势，零售商和生鲜农产品供应商应根据自己的期望收益对产品新鲜度及风险偏好程度做出合理的选择。

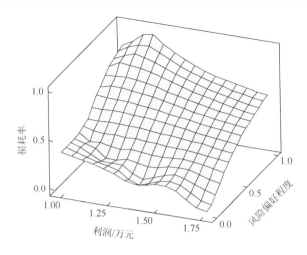

图 3.3 损耗率及风险偏好程度对生鲜农产品供应链利润的影响

3.6 本 章 小 结

本章将生鲜农产品的新鲜度和风险偏好程度作为变量，构造了生鲜农产品供应链激励契约的数学模型。分别建立了完全信息、不完全信息、引入风险偏好因子以及加入对生鲜农产品质量安全科技投入等情况下零售商与生鲜农产品供应商之间的激励契约模型，得出不同情形下零售商分成份额以及利润的变化，并对加入生鲜农产品质量安全科投入这一变量前后生鲜农产品供应链的利润进行比较。通过本章的研究可以得到以下结论。

（1）在完全信息下，通过引入激励契约机制，零售商存在唯一的最优努力水平和最优分成份额，生鲜农产品供应商也存在唯一的最优分成份额和对零售商最优固定收益的决策，使得双方期望利润最大化。

（2）在不完全信息下，零售商获得分成份额的前提条件是必须承担一定的风险，否则无法达到帕累托最优水平，并且生鲜农产品供应商需要付出代理成本。而完全信息下生鲜农产品零售商和生鲜农产品供应商的利润明显优于不完全信息下对应的利润结果。这表明通过互联网信息平台提高信息的共享程度可以实现生鲜农产品供应链的协调。

（3）加入对生鲜农产品质量安全科技投入后，零售商的分成份额得到了提高，零售商和生鲜农产品供应商的利润，以及总利润都在一定程度上得到了提高。这充分说明了在激励契约中列入生鲜农产品质量安全科技投入对生鲜农产品供应链的收益具有很好的优化作用。

（4）当风险偏好程度一定时，生鲜农产品供应链利润随着产品损耗率的增大而减少；当产品损耗率一定时，生鲜农产品供应链利润随着零售商的风险偏好程度先减少后增加。根据以上结果，零售商可采购符合自己期望收益的不同新鲜度的产品，生鲜农产品供应商亦可选择符合自己期望收益的风险偏好程度的零售商进行合作。

第4章 考虑需求价格弹性的生鲜农产品供应链契约协调研究

4.1 问题的提出

生鲜农产品生产的季节性和周期性、流通的易腐性和时鲜性、消费的时效性和品质性、质量的安全性和脆弱性，以及其运作模式的多样性和复杂性，特别是在不同模式下供应链各主体之间的信息不对称和生鲜农产品市场的不确定性等，直接影响生鲜农产品供应链的整体运作绩效。由于产品新鲜度和需求价格弹性系数对供应链各主体最优决策有着重要的影响，所以供应商和零售商之间如何协调收益分享问题直接影响生鲜农产品的流通效率以及损耗率等。此外，生鲜农产品的价格水平过高会降低消费的效用，抑制消费者的需求；而过低的产品销售价格则可能无法保障生鲜农产品各节点企业的合理运作，这也必然造成整个供应链的大量损失。因而从产品需求价格弹性的角度对生鲜农产品供应链的协调优化进行研究具有重要意义。尽管国内外有一部分学者在考虑需求价格弹性的基础上对生鲜农产品、易逝品及短生命周期产品进行了研究，但他们的研究多集中于库存管理及订货策略。另外，大部分学者多集中于普通产品的收益共享契约协调研究，较少考虑生鲜农产品供应链上的信息隐瞒问题。生鲜农产品供应链各主体之间的信息隐瞒以及供应链的运作模式对供应链带来的直接影响存在很大差异，因此，如何考虑隐瞒信息下收益共享契约的设计问题对生鲜农产品供应链的协调是本章研究的关键。

本章考虑需求价格弹性及产品新鲜度的生鲜农产品供应链，主要围绕以下几个问题展开研究。

（1）生鲜农产品价格随市场需求变化时，收益共享契约的实施对供应链及成员均衡决策的影响如何？

（2）供应链企业如何进行收益共享契约的制订，在不影响供应链整体效益的情况下降低产品损耗率，达到生鲜农产品供应链的完美协调？

（3）改进的收益共享契约对产品新鲜度及供应链整体效益的影响如何？

为了回答上述问题，本章针对生鲜农产品特性，考虑产品的新鲜度以及需求价格弹性，详细地分析生鲜农产品供应链收益共享契约问题。更进一步，考虑生鲜农产品新鲜度信息隐瞒情况下，研究生鲜农产品供应链的收益共享契约设计。通过对收益共享契约进行改进，达到供应商和零售商双方利润的帕累托最优。

对于这些问题的研究，无论是从理论层面还是实际运作层面都具有非常重要的意义。

4.2　问题的描述与假设

考虑由一个供应商与一个零售商组成的两级生鲜农产品供应链系统。供应商供应一种单位成本为 c 的生鲜农产品，零售商根据市场需求和产品新鲜度以批发价格 w 从供应商订购 q 数量的产品，并以销售价格 p 出售。生鲜农产品的期末残值为零。

由于供应商与零售商对自身利益的追求，会出现对产品新鲜度信息隐瞒的情况。为了解决这一问题，双方签订一个共同协定的收益共享契约。在该契约中，零售商从供应商处以较低的批发价格 w_1 购入生鲜农产品，并承诺以 $1-\phi$ 比例的收益作为回报，而 ϕ 的大小取决于零售商与供应商在供应链中的地位以及相互间讨价还价的能力。在这个过程中，供应商与零售商都为风险中性。生鲜农产品具有易腐性，而且产品新鲜度会影响顾客的需求，根据文献[16]，我们将本书的市场需求函数设定为 $D = y_0 p^{-k} \theta(t) \varepsilon$。其中，$y_0$ 为对市场规模的度量；k 为需求对零售价格的弹性指数；$\theta(t)$ 为生鲜农产品新鲜度；ε 为需求随机扰动因子，其概率密度为 $f(x)$，分布函数为 $F(x)$。

本章在构建生鲜农产品供应链协调模型时进行了如下假设。

（1）生鲜农产品供应链是由供应商和零售商组成的两级供应链系统，零售商是主导者，供应商是追随者。二者是风险中性的，且具有完全理性的充分分析能力，追求各自的利益最大化。

（2）供应商以较低的价格将产品卖给零售商，并且供应商从零售商的销售收益中提取 $1-\phi$ 的收益作为补偿。由于双方收益共享，供应商不会过度生产。

（3）零售商虽然能够决策销售价格，但由于消费者的不同心理动机以及周围环境的影响，特设需求随机扰动因子 ε，其均匀分布于区间 $[0,1]$。在销售期结束后，生鲜农产品的残值为零，且不考虑缺货损失。

4.3　完全信息下生鲜农产品供应链的协调分析

4.3.1　分散式决策

在分散式决策中，各成员的最优决策其实是一个动态博弈过程，双方都追求自身利益最大化。由逆向归纳法在博弈的第一阶段，确定订货量 q。

供应商的期望利润为

$$\pi_{s1}(w) = (w-c)q \tag{4-1}$$

零售商的期望利润为

$$\pi_{r1}(p,q) = p\left(q - \theta(t)\int_0^{q/\theta(t)} F(x)\mathrm{d}x\right) - wq \tag{4-2}$$

根据文献[183]，定义库存因子 z，其中 $z = \dfrac{q}{y_0 p^{-k}\theta(t)}$。最优库存因子 z_0 是唯一确定的，且由市场价格弹性系数 k 和随机因子 ε 的分布确定，与其他的参数（如批发价、成本等）无关。

1. 零售商的最优决策

将库存因子的表达式代入零售商的期望利润函数式（4-2）中，零售商期望利润函数转化为

$$\pi_{r1}(z_0,q) = \left(\frac{z_0 y_0 \theta(t)}{q}\right)^{\frac{1}{k}} q E_\varepsilon\left\{\min\left(\frac{\varepsilon}{z_0}\right),1\right\} - wq \tag{4-3}$$

对利润函数 $\pi_{r1}(z_0,q)$ 关于 q 求导，可得零售商的最优订货量为

$$q_1^* = z_0 y_0 \theta(t)\left(\frac{1-F(z_0)}{w}\right)^k \tag{4-4}$$

将式（4-4）与库存因子的表达式联立，可得零售商的最优零售价为

$$p_1^* = \frac{w}{1-F(z_0)} \tag{4-5}$$

2. 供应商的最优决策

由零售商的最优订货量可得，供应商的期望利润函数为

$$\pi_{s1}(w) = (w-c)q = (w-c)z_0 y_0 \theta(t)\left(\frac{1-F(z_0)}{w}\right)^k \tag{4-6}$$

对利润函数 $\pi_{s1}(w)$ 关于 w 求导，可得供应商的最优批发价格为

$$w_1^* = \frac{kc}{k-1} \tag{4-7}$$

将式（4-7）代入式（4-4），可得零售商的最优订货量为

$$q_1^* = z_0 y_0 \theta(t)(1-F(z_0))^k \left(\frac{kc}{k-1}\right)^{-k} \tag{4-8}$$

同理，可得零售商的最优零售价为

$$p_1^* = \frac{kc}{(k-1)(1-F(z_0))} \tag{4-9}$$

零售商的利润为

$$\pi_{r1}^*(w) = \frac{kc}{(k-1)^2} z_0 y_0 \theta(t)(1-F(z_0))^k \left(\frac{kc}{k-1}\right)^{-k} \tag{4-10}$$

供应商的利润为

$$\pi_{s1}^*(w) = \frac{c}{k-1} z_0 y_0 \theta(t)(1-F(z_0))^k \left(\frac{kc}{k-1}\right)^{-k} \tag{4-11}$$

4.3.2　集中式决策

集中式决策模式下，供应链作为一个利益完全一致的唯一主体，通过合理安排确定最优订货量和最优市场零售价格，以得到供应链整体利润最大化。

在集中式决策模式下，供应链整体期望利润为

$$\pi_C(p,q) = p\left(q - \theta(t)\int_0^{q/\theta(t)} F(x)\mathrm{d}x\right) - cq \tag{4-12}$$

由于最优库存因子 z_0 只由市场价格弹性系数 k 和随机因子 ε 的分布确定，与其他参数（如批发价、成本等）无关，因此最优库存因子 z_0 与分散式决策模式相等。

集中式决策下，零售商的最优订货量为

$$q_C^* = z_0 y_0 \theta(t)(1-F(z_0))^k c^{-k} \tag{4-13}$$

零售商的最优零售价为

$$p_C^* = \frac{c}{1 - F(z_0)} \tag{4-14}$$

生鲜农产品供应链的总利润为

$$\pi_C^* = \frac{c}{k-1} q_C^* \tag{4-15}$$

定理 4.1　分散式决策下，供应商的期望利润小于零售商的期望利润，比率为 $\frac{k-1}{k}$；与集中式决策相比，最优市场零售价将变大，比率为 $\frac{k}{k-1}$；最优订货量将减少，比率为 $\left(\frac{k-1}{k}\right)^k$；与非易腐品供应链相比，生鲜农产品供应链的最优订货量是减少的。

证明：根据式（4-10）和式（4-11）可知，完全信息下供应商和零售商的期望利润分别为

$$\pi_{s1}^* = \frac{c}{k-1} q_1^*, \pi_{r1}^* = \frac{kc}{(k-1)^2} q_1^*$$

因此，供应商和零售商的期望利润比率为

$$\frac{\pi_{s1}^*}{\pi_{r1}^*} = \frac{k-1}{k} < 1$$

即在完全信息下，供应商所获期望利润低于零售商，而且市场需求对价格的弹性系数越小，供应商分配到的利润比率越小。

而分散式决策和集中式决策零售价分别为

$$p_1^* = \frac{kc}{(k-1)(1 - F(z_0))}, p_C^* = \frac{c}{1 - F(z_0)}$$

因此，分散式决策和集中式决策下的最优市场零售价比率 $\frac{p_1^*}{p_C^*} = \frac{k}{k-1} > 1$，可得 $p_1^* > p_C^*$。

此时分散式决策和集中式决策订货量分别为

$$q_1^* = z_0 y_0 \theta(t)[1 - F(z_0)]^k \left(\frac{kc}{k-1}\right)^{-k}, q_C^* = z_0 y_0 \theta(t)(1 - F(z_0))^k c^{-k}$$

因此，分散式决策和集中式决策下的订货量比率 $\frac{q_1^*}{q_C^*} = \left(\frac{k-1}{k}\right)^k < 1$，可得 $q_1^* < q_C^*$。

由于生鲜农产品的订货量受产品新鲜度的影响，且 $0 < \theta(t) < 1$，所以其最优订货量 q^* 总是小于非易腐品的最优订货量。

因此，完全信息下，零售商获得的期望利润低于供应商；分散式决策的销售价格 p_1^* 高于集中式决策的销售价格 p_C^*，分散式决策下零售商的订货量 q_1^* 低于集中式决策下零售商的订货量 q_C^*；随着价格弹性系数的增大，p_1^* 与 p_C^* 的比值减小，q_1^* 与 q_C^* 的比值增大；生鲜农产品的最优订货量 q^* 小于非易腐品的最优订货量。

定理 4.2 分散式决策下供应链总利润小于集中式决策，且比率为 $\dfrac{2k-1}{k-1}\left(\dfrac{k-1}{k}\right)^k$。

证明：根据式（4-10）和式（4-11）可得，分散式决策下生鲜农产品供应链的总利润为

$$\pi_1^* = \pi_{r1}^* + \pi_{s1}^* = \frac{(2k-1)c}{(k-1)^2}q_1^*$$

根据式（4-15）可得，集中式决策下供应链总利润为

$$\pi_C^* = \frac{c}{k-1}q_C^*$$

因此，分散式决策与集中式决策下，供应链总利润比率 $\dfrac{\pi_1^*}{\pi_C^*} = \dfrac{2k-1}{k-1}\left(\dfrac{k-1}{k}\right)^k < 1$，可得 $\pi_1^* < \pi_C^*$。

综上所述，分散式决策下生鲜农产品供应链各成员对利益的争夺，导致供应链总利润损失。分散式决策不仅影响了供应链各成员的收益，还严重影响了两级供应链的前端和后端：订货量减少将使得供应商向农户采购更少的生鲜农产品，可能致使更多生鲜农产品在原产地滞销而腐烂，而生鲜农产品销售价格的提高，将使得消费者承担更多的成本。在实际运营中，零售商和供应商经常会为了自身的更高收益而隐瞒产品的新鲜度信息，此时，引入合适的契约机制对生鲜农产品供应链进行协调显得尤为重要。

4.4 隐瞒信息下生鲜农产品供应链的收益共享契约协调分析

在隐瞒信息下，供应商与零售商之间的信息是不完全的，对于产品产出时间的隐瞒（可表示为 λt）导致生鲜农产品新鲜度信息的失真，而零售商因为处于信

息劣势将无法从前期的外观表征中识别信息是否真实，因此假定零售商信任供应商提供的信息。以下分别就非契约式和契约式生鲜农产品供应链进行讨论，其中上标 f 表示存在供应商隐瞒部分信息的情形。

4.4.1　非契约式生鲜农产品供应链的协调分析

供应商谎报新鲜度后，实际期望利润函数为

$$\pi_{s2}^{f}(w) = (w-c)q \tag{4-16}$$

供应商谎报新鲜度后，零售商实际利润函数为

$$\pi_{r2}^{f}(p,q) = p\left(q - \theta(t)\int_{0}^{q/\theta(t)} F(x)\mathrm{d}x\right) - wq \tag{4-17}$$

供应商谎报新鲜度后，零售商决策函数为

$$\pi_{r2}(p,q) = p\left(q - \theta(\lambda t)\int_{0}^{q/\theta(\lambda t)} F(x)\mathrm{d}x\right) - wq \tag{4-18}$$

首先，因为最优库存因子 z_0，只由市场价格弹性系数 k 和随机因子 ε 的分布确定，因此最优库存因子 z_0 与完全信息下相等。

仿照完全信息下的求解和推导过程，可得供应商的最优批发价格为

$$\pi_{2}^{f*} = \frac{kc}{k-1} \tag{4-19}$$

零售商决策订货量（因信息不对称及供应商谎报行为导致非最优订货量）为

$$q_{2}^{f*} = z_0 y_0 \theta(\lambda t)(1 - F(z_0))^k \left(\frac{kc}{k-1}\right)^{-k} \tag{4-20}$$

零售商决策零售价为

$$p_{2}^{f*} = \frac{kc}{(k-1)(1 - F(z_0))} \tag{4-21}$$

供应商在隐瞒新鲜度后，其实际利润为

$$\pi_{s2}^{f*} = \frac{c}{k-1}q_{2}^{f*} \tag{4-22}$$

供应商在隐瞒新鲜度后，零售商的决策利润以及实际利润分别为

$$\pi_{r2}^{*} = \frac{kc}{(k-1)^2}q_{2}^{f*} \tag{4-23}$$

$$\pi_{r2}^{f*} = \left(\left(\frac{\theta(t)}{\theta(\lambda t)} \right)^{\frac{1}{k}} \frac{k}{k-1} - 1 \right) \frac{kc}{k-1} q_2^{f*} \qquad (4\text{-}24)$$

由于集中式决策下，不存在供应链谎报行为和信息不对称情形，因此与完全信息下的结果相同，因此不再重复讨论。

定理 4.3 在隐瞒信息下，零售商将订购更多的生鲜农产品；供应商侵占了零售商的利润；供应商和零售商的实际利润与新鲜度的隐瞒程度具有相关性，λ 越大两者利润比率越大，当且仅当 $\frac{\theta(t)}{\theta(\lambda t)} = \left(\frac{k^2-1}{k^2} \right)^k$ 时，两者利润相等。

证明：

（1）根据式（4-8）和式（4-20）可得

$$\frac{q_2^{f*}}{q_1^*} = \frac{\theta(\lambda t)}{\theta(t)} > 1$$

（2）根据式（4-10）和式（4-23）可得

$$\pi_{r2}^* - \pi_{r1}^* = \frac{kc}{(k-1)^2}(q_2^{f*} - q_1^*) > 0$$

根据零售商实际利润函数一阶最优条件，存在唯一的最优订货量为

$$q_2^* = \theta(t) F^{-1} \left(\frac{p - w_2^{f*}}{p} \right)$$

由式（4-20）可得，隐瞒信息下的订货量 $q_2^{f*} > q_2^*$。

所以，$\pi_{r2}^{f*} < \pi_{r2}^*$，即隐瞒信息下，零售商的实际利润要比决策利润小。

（3）隐瞒信息下，供应商与零售商的实际利润比率为

$$\frac{\pi_{s2}^{f*}}{\pi_{r2}^{f*}} = \frac{1}{\left(\left(\frac{\theta(t)}{\theta(\lambda t)} \right)^{\frac{1}{k}} \frac{k}{k-1} - 1 \right) k}$$

当 λ 逐渐增大时，$\frac{\pi_{s2}^{f*}}{\pi_{r2}^{f*}}$ 也随之增大。当 $\frac{\pi_{s2}^{f*}}{\pi_{r2}^{f*}} = 1$ 时，可得

$$\frac{\theta(t)}{\theta(\lambda t)} = \left(\frac{k^2-1}{k^2} \right)^k$$

由此可见，隐瞒信息下，供应商隐瞒部分信息的行为使得其自身的利润增加，

零售商的利润减少，从而改变了完全信息下供应商利润一定小于零售商利润的状况，二者的大小与供应商隐瞒信息的程度 λ 相关。这导致了生鲜农产品供应链出现了"双边际效应"，供应链的稳定性被新鲜度信息的不对称打破。因此，需要引入收益共享契约对生鲜农产品供应链进行协调。

4.4.2　契约式生鲜农产品供应链的协调分析

考虑引入收益共享契约 (w, ϕ)，其中 w 为供应商的批发价格，ϕ 为零售商每销售出一单位产品获得的收益比例。在收益共享契约中，零售商从供应商那里以较低的批发价格 w_l 购入生鲜农产品，将 $1-\phi$ 比例的收益作为回报分给供应商。

引入收益共享契约后，零售商的期望利润为

$$\pi_{r2}(z_0, q) = \phi \left(\frac{z_0 y_0 \theta(\lambda t)}{q} \right)^{\frac{1}{k}} q E_\varepsilon \left\{ \min \left(\frac{\varepsilon}{z_0} \right), 1 \right\} - w_l q \qquad (4\text{-}25)$$

仿照以上的推导过程，可得零售商的最优订货量为

$$q_2^* = \phi z_0 y_0 \theta(\lambda t) \left(\frac{1 - F(z_0)}{w_l} \right)^k \qquad (4\text{-}26)$$

零售商的最优零售价为

$$p_2^* = \frac{w_l}{\phi(1 - F(z_0))} \qquad (4\text{-}27)$$

供应商从零售商处得到 $1-\phi$ 比例的收益，以较低的批发价格 w_l 把生鲜农产品批发给零售商，供应商实际的单位成本为 c，因此供应商的期望利润为

$$\pi_{s2}(w) = (1-\phi) \left(\frac{z_0 y_0 \theta(\lambda t)}{q} \right)^{\frac{1}{k}} q E_\varepsilon \left\{ \min \left(\frac{\varepsilon}{z_0} \right), 1 \right\} + (w_l - c) q \qquad (4\text{-}28)$$

供应商的最优批发价格为

$$w_l^* = \frac{\phi k c}{k - 1} \qquad (4\text{-}29)$$

定理 4.4　隐瞒信息下，契约式生鲜农产品供应链的总利润小于集中式生鲜农产品供应链的总利润；对产品新鲜度的隐瞒程度 λ、产品的放置时间 t 与产品的需求价格弹性 k 有关，当 $\dfrac{\theta(t)}{\theta(\lambda t)} = 2\left(\dfrac{k}{k-1} \right)^k - 1$ 时，完全信息与隐瞒信息下的生鲜

农产品总利润是相等的；当 $\dfrac{\theta(t)}{\theta(\lambda t)} > 2\left(\dfrac{k}{k-1}\right)^{k} - 1$ 时，隐瞒信息下生鲜农产品供应

链的总利润低于完全信息的情况。

证明：根据集中式决策下供应链总利润函数一阶最优条件可得，存在唯一的最优订货量为 $q_{C}^{*} = z_{0}y_{0}\theta(t)(1-F(z_{0}))^{k}c^{-k}$，并且订货量越靠近 q_{C}^{*}，利润越大。

供应商在不隐瞒新鲜度信息下的订货量为

$$q_{1}^{*} = z_{0}y_{0}\theta(t)(1-F(z_{0}))^{k}\left(\frac{kc}{k-1}\right)^{-k}$$

供应商在隐瞒新鲜度信息下的订货量为

$$q_{2}^{*} = \phi z_{0}y_{0}\theta(\lambda t)(1-F(z_{0}))^{k}\left(\frac{\phi kc}{k-1}\right)^{-k}$$

因为，$q_{1}^{*} < q_{2}^{*}$，$q_{1}^{*} < q_{C}^{*}$，并且订货量越靠近 q_{C}^{*}，利润越大。所以可以得到

$$\pi_{2}^{*} - \pi_{1}^{*} = \begin{cases} > 0, & q_{C}^{*} - q_{1}^{*} > q_{2}^{*} - q_{C}^{*} \\ = 0, & q_{C}^{*} - q_{1}^{*} = q_{2}^{*} - q_{C}^{*} \\ < 0, & q_{C}^{*} - q_{1}^{*} < q_{2}^{*} - q_{C}^{*} \end{cases}$$

求解得到

$$\pi_{2}^{*} - \pi_{1}^{*} = \begin{cases} > 0, & \dfrac{\theta(\lambda t)}{\theta(t)} < 2\left(\dfrac{k}{k-1}\right)^{k} - 1 \\[3mm] = 0, & \dfrac{\theta(\lambda t)}{\theta(t)} = 2\left(\dfrac{k}{k-1}\right)^{k} - 1 \\[3mm] < 0, & \dfrac{\theta(\lambda t)}{\theta(t)} > 2\left(\dfrac{k}{k-1}\right)^{k} - 1 \end{cases}$$

这说明完全信息与隐瞒信息下生鲜农产品供应链总利润的关系，取决于 λ、t 和 k。供应商对产品新鲜度的隐瞒将使得供应商侵占零售商利润，从而改变完全信息下供应商利润肯定小于零售商利润的格局，所获利润的大小与供应商对产品新鲜度的隐瞒程度相关。

在契约式供应链下，生鲜农产品供应链的总利润为

$$\pi_{2} = \pi_{r2} + \pi_{s2} = \left(\frac{z_{0}y_{0}\theta(\lambda t)}{q}\right)^{\frac{1}{k}}qE_{\varepsilon}\left\{\min\left(\frac{\varepsilon}{z_{0}},1\right)\right\} - cq \qquad （4-30）$$

$$\pi_C = \left(\frac{z_0 y_0 \theta(t)}{q}\right)^{\frac{1}{k}} q E_\varepsilon \left\{\min\left(\frac{\varepsilon}{z_0}\right), 1\right\} - cq \qquad (4\text{-}31)$$

由式（4-30）和式（4-31）可知，$\pi_2 < \pi_C$。

显然，隐瞒信息下的契约式生鲜农产品供应链的总利润小于集中式生鲜农产品供应链的总利润，最优订货量小于集中式决策时的最优订货量，即隐瞒信息下采用普通的收益共享契约不能达到生鲜农产品供应链协调。因此下面分析如何对收益共享契约进行改进以达到供应链协调。

4.5　改进的生鲜农产品供应链收益共享契约协调分析

由上述分析可知，(w, ϕ) 形式的收益共享契约不能实现供应链协调，供应商在隐瞒信息情况下确定的最优订货量对于零售商来说并不是最优的，此时生鲜农产品供应链的总利润小于集中式决策下供应链的总利润。供应商希望零售商增加产品订货量以增加其利润，但是如果零售商增加订货量，那么却面临着生鲜农产品的腐烂变质而不能完全销售出去的风险。此时，生鲜农产品供应商和零售商有动机对收益共享契约进行改进，在增加产品订货量的同时，对未销售出去的产品进行一定的补偿。

为了使生鲜农产品供应链上的各方获得更多的收益，在原有收益共享契约的基础上，对于未销售出去的生鲜农产品，每单位补偿 b 元；另外增加一个销售目标量 H，销售周期结束后，高于 H 部分，供应商奖励零售商每单位 u 元，未完成任务，则每单位惩罚 u 元。契约形式为 (w, ϕ, b, u)，并设生鲜农产品销售商的实际销售量为

$$S(p, q) = q - \theta(t) \int_0^{q/\theta(t)} F(x) \mathrm{d}x$$

引入改进收益共享契约后，零售商的利润函数为

$$\pi_{r3} = \phi p S(p, q) + (u - b) S(p, q) - (w - b) q - uH \qquad (4\text{-}32)$$

此时，供应商的利润函数为

$$\pi_{s3} = (1 - \phi) p S(p, q) + (w - c - b) q + (b - u) S(p, q) + uH \qquad (4\text{-}33)$$

将完全信息下模型的协调契约参数代入，可得 $\pi_1^f(w, b, u, H) = uH$。

改进的收益共享契约将使供应商与零售商共同承担销售风险，通过设定合适

的收益共享系数 ϕ 和供应商的批发价格 w 能有效协调供应链，并获得利润最大化。因此，可以得到以下结论。

定理 4.5 若收益共享契约 (w,ϕ,b,u) 中的各参数满足：

$$w = b + c - (1-\phi)pS_q', u = b + p - \phi p + \frac{(1-\phi)S(p,q)}{S_q'}$$

其中 $1 - \dfrac{b}{pS_q'} \leqslant \phi \leqslant 1 + \dfrac{b}{p + \dfrac{S(p,q)}{S_q'}}$。即满足改进的收益共享契约参数的集能够使得

生鲜农产品供应链达成最优销售价格和最优订货量，且 $\pi_3(p,q) = \pi_C(p,q)$，进而使得生鲜农产品供应链实现协调。

证明：令 p^{b*} 为在给定订货量 q^0 时的最优零售价，则 p^{b*} 必须满足：

$$\frac{\partial \pi_{r3}(p,q)}{\partial p} = \phi S(p,q) + \phi p \frac{\partial S(p,q)}{\partial p} + (u-b)\frac{\partial S(p,q)}{\partial p} = 0 \tag{4-34}$$

集中式决策下，生鲜农产品供应链的总利润为

$$\pi_C(p,q) = pS(p,q) - cq \tag{4-35}$$

令 p_C^* 为在给定订货量 q^0 时的最优零售价，则 p_C^* 必须满足：

$$\frac{\partial \pi_C(p,q)}{\partial p} = S(p,q) + p\frac{\partial S(p,q)}{\partial p} = 0 \tag{4-36}$$

比较式（4-34）和式（4-36）可得，当 $p_{r3} = p_C^*$ 成立时，零售价格达到最优。

将 $u = b_v$ 代入式(4-32)，可得

$$\pi_{r3} = \phi pS(p,q) - (w-b)q - bH$$

在生鲜农产品供应链达成协调的情况下，最优订货量 q^{b*} 必须满足：

$$\frac{\partial \pi_{r3}}{\partial q} = \phi p\frac{\partial S(p,q)}{\partial q} - (w-b) = 0 \tag{4-37}$$

同时，集中式决策下，最优订货量 q_C^* 必须满足：

$$\frac{\partial \pi_C}{\partial q} = p\frac{\partial S(p,q)}{\partial q} - c = 0 \tag{4-38}$$

通过比较式（4-37）和式（4-38）可以发现，只有当 $q^{b*} = q_C^*$ 时，订货量 q 达到最优。因此，通过改进收益共享契约，可以协调动态价格的生鲜农产品供应链。契约参数满足条件为

$$\begin{cases} b + p - \phi p + \dfrac{(1-\phi)S(p,q)}{S'_q} \\ w = b + c - (1-\phi)pS'_q \end{cases} \tag{4-39}$$

由于批发价格不低于生产成本,奖励惩罚金额不小于零,可得收益分享函数 ϕ 的取值范围为

$$1 - \frac{b}{pS'_q} \leqslant \phi \leqslant 1 + \frac{b}{p + \dfrac{S(p,q)}{S'_q}}$$

此时, ϕ 的取值与生鲜农产品供应商和零售商讨价还价的能力有关。

在改进的收益共享契约下,生鲜农产品供应链的总利润为

$$\pi_3(p,q) = \pi_{r3} + \pi_{s3} = pS(p,q) - cq = p(q - \theta(t)\int_0^{q/\theta(t)} F(x)dx) - cq \tag{4-40}$$

因此, $\pi_3(p,q) = \pi_C(p,q)$ 。在改进的收益共享契约下,生鲜农产品的利润与完全信息下的总利润是一致的,此时的生鲜农产品供应链达到了协调。供应商通过隐瞒产品的新鲜度来诱导零售商增加对产品的订货量这种方式将失去意义,供应商将选择共享产品新鲜度的信息来提高自身的利润。从而通过改进的收益共享契约解决信息不对称问题,实现信息共享,供应商与零售商的利润函数将达到帕累托最优。

推论 4.1　生鲜农产品供应链的利润随着产品新鲜度 θ 的减小而减少,随着价格需求弹性 k 的减小而增加。

证明:根据文献[32]可得,生鲜农产品的新鲜度衰减函数为 $\theta(t) = \theta^t$, θ 为生鲜农产品上架时的新鲜度,其取值范围为 $0 < \theta < 1$;损耗率函数为 $h(\theta(t)) = -\theta^t \ln\theta$,该函数和新鲜度 θ 有关,是时间 t 的连续递减函数, $\ln\theta < 0$, $h(\theta(t)) > 0$ 。

对总利润 π_3 关于新鲜度 $\theta(t)$ 进行求导,可得

$$\frac{d\pi_3}{d\theta} = \left(p\theta^{t-1} \int_0^{q/(-\theta^t)\ln\theta} F(x)dx \right)(t\ln\theta + 1) + p\theta^t \ln\theta f(q/\theta^t \ln\theta)\frac{q\theta^t(\ln\theta)^2 + \theta^{t-1}}{(\theta^t\ln\theta)^2} > 0$$

因此,在改进的收益共享契约下,生鲜农产品的总利润 π_3 是产品新鲜度 $\theta(t)$ 的增函数,总利润随着生鲜农产品新鲜度的减小而减少。此时,降低产品的损耗率可以有效地增加供应链的收益。

对总利润 π_3 关于需求价格弹性 k 求导,可得

$$\frac{d\pi_3}{dk} = -\frac{cq}{(k-1)^2} < 0$$

即总利润 π_3 与需求价格弹性 k 呈负相关关系。因此，随着需求价格弹性增加，整个生鲜农产品供应链的利润随之减少。在隐瞒信息下，改进的收益共享契约可以使生鲜农产品供应链的总利润与集中式决策下生鲜农产品供应链的总利润相等，最优订货量也与集中式决策时的最优订货量相同，能够实现生鲜农产品供应链协调。

通过引入改进的收益共享契约，零售商和供应商双方签订关于批发价格、收益分享比例及奖励惩罚等条件的合约，不仅降低了产品损耗率并改善了产品的新鲜度，还可以提高零售商和供应商的努力程度，也促使生鲜农产品供应链的利润增加。

4.6　算　例　分　析

针对收益共享契约对生鲜农产品供应链利润的影响，现在以一个具体的生鲜农产品为例，阐述和验证本书的主要结论。假设该种生鲜农产品的成本 $c=0.8$ 元，生鲜农产品的新鲜度衰减函数为 $\theta(t)=0.8^t$，产品的需求价格弹性系数 $k=0.6$，市场规模 $y_0=3000$，需求随机扰动因子 $\varepsilon=0.3$，库存因子 $z_0=0.6$。根据这些参数，可以得到以下结果。

当不采用收益共享契约时，生鲜农产品供应链上各节点企业的利润与产品存放时间之间的关系如图 4.1 所示，生鲜农产品的最优批发价格、最优销售价格和最优订货量与需求价格弹性系数之间的关系如图 4.2 所示。

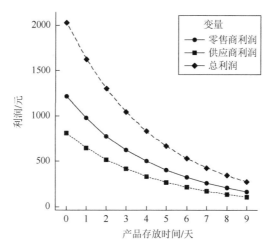

图 4.1　利润与产品存放时间的关系

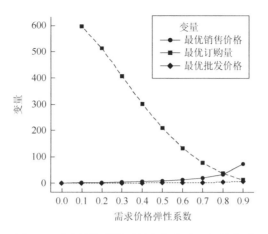

图 4.2　需求价格弹性系数与各变量之间的关系

由图 4.1 和图 4.2 可以看出,不采用收益共享契约时,随着生鲜农产品产品存放时间的增加,损耗率在增加,产品的最优订货量在减少,零售商、供应商及生鲜农产品供应链总利润在逐渐下降。若需求价格弹性系数作为变量,即对于不同类型的生鲜农产品来说,随着需求价格弹性系数的增加,最优批发价格基本保持不变;最优销售价格的变化幅度不是很大,呈现缓慢上升的趋势;而最优订货量则随着需求价格弹性系数的增加而减少。

当采用收益共享契约时,零售商与供应商之间的收益共享系数对利润的影响,以及对最优销售价格与最优批发价格的影响都是不同的,具体如图 4.3 和图 4.4 所示。

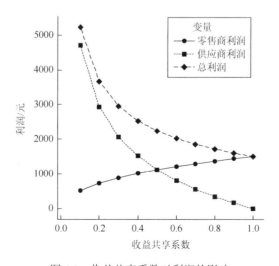

图 4.3　收益共享系数对利润的影响

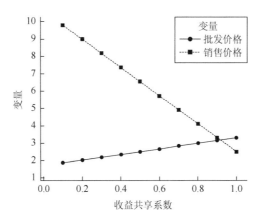

图 4.4　收益共享系数对销售价格及批发价格的影响

从图 4.3 可以看出，随着零售商的利润分配系数的增加，零售商的利润在逐渐增加，供应商的利润在逐渐减少；图 4.4 表明销售价格随着收益共享系数的增加在降低，而供应商为了维持其相应利润，批发价格在逐渐增加。最优订货量与生鲜农产品的损耗率有关，随着产品损耗的增加，零售商的最优订货量在减少。由于供应链上各企业之间的利润分配的争夺，生鲜农产品供应链产生了"双边际效应"，通过简单的收益共享契约并不能实现生鲜农产品供应链的协调。因此需引入改进的收益共享契约对生鲜农产品供应链进行优化。

通过改进的收益共享契约可以实现生鲜农产品供应链的协调，具体利润结果如表 4.1 所示。

表 4.1　改进的收益共享契约对生鲜农产品供应链的影响

变量	完全信息			隐瞒信息		
	分散式决策	集中式决策	改进收益共享契约	分散式决策	集中式决策	改进收益共享契约
最优订货量	208.53	260.67	260.67	174.47	325.83	325.83
最优销售价格	12.00	8.00	8.00	24.00	9.00	9.00
最优批发价格	1.20	—	0.64	2.00	—	0.72
零售商利润	604.60	—	702.30	498.02	—	620.63
供应商利润	400.51	—	556.32	332.01	—	403.19
供应链总利润	1005.11	1258.62	1258.62	830.03	1023.82	1023.82

对比表 4.1 中左右两部分的结果：在隐瞒信息下，运输中产品损耗的增加导致供应链产品订货量下降，然而供应链成员的利润却得到了超过 10%的提高；此时供应商会提高自己的批发价格，同时降低订货量来避免供应链中搭便车现象。进一步观察可以看出，相比于分散式决策下，集中式决策下可以大大提高供应链的效率，采用收益共享契约可以获得与集中式决策下相同的供应链收益与效率，使得供应链各成员实现共赢。由此可知，改进的收益共享契约可以有效地解决生鲜农产品供应链的双边际效应，并可以通过调节利润分配系数进行供应链各成员之间利润的重新分配。

4.7 本 章 小 结

本书将生鲜农产品的新鲜度、收益共享系数和库存因子作为变量，构造了生鲜农产品供应链在收益共享契约下的利润模型。分别在完全信息、隐瞒信息下，对非契约式与契约式生鲜农产品供应链的利润结果及供应链协调情况进行对比，得知普通的收益共享契约使生鲜农产品供应链产生了双边际效应，不能实现生鲜农产品供应链的协调。在引入改进的收益共享契约后，对生鲜农产品供应链的最优订货量、最优销售价格及最终利润与集中式决策下供应链的收益与效率进行比较，可以得到以下结论。

（1）在完全信息下，分散式决策时供应商的期望利润小于零售商的期望利润；与集中式决策相比，最优市场零售价增加，最优订货量减少，供应链总利润减少；与非易腐品供应链相比，生鲜农产品供应链的最优订货量是减少的。

（2）在隐瞒信息下，引入收益共享契约能够诱导零售商订购更多的生鲜农产品；随着零售商的收益共享系数减小，供应商的利润增加；供应商和零售商的实际利润与新鲜度的隐瞒程度具有相关性，λ 越大两者利润比率越大。

（3）普通的收益共享契约使生鲜农产品供应链产生了双边际效应，不能实现生鲜农产品供应链的协调。而改进的收益共享契约能够促使生鲜农产品供应链的信息共享，使得供应商与零售商的利润函数达到帕累托最优；生鲜农产品供应链的利润随着产品新鲜度的减小而减少，随着价格需求弹性的减小而增加。

第5章 考虑保鲜努力程度的生鲜农产品供应链契约协调研究

5.1 问题的提出

我国是世界上最大的生鲜农产品生产国，尽管蔬菜、水果、水产品、肉类等生鲜农产品的产量均居世界第一位，但它们在供应链流通环节损耗非常严重。发达国家果蔬的平均流通损耗率为 5%，美国果蔬的平均流通损耗率只有 1%～2%，而我国每年果蔬的平均流通损耗率就高达 30%左右。我国每年腐烂坏损的果蔬就分别达到 0.12 亿吨和 1.3 亿吨，造成的经济损失约 1000 亿元[1]。为此，生鲜农产品供应链的运作越来越受到人们关注，作为现代农业的重要组成部分，其供应链运作关系着民生问题的保障和改善。我国政府非常重视生鲜农产品的供应链运作问题。2017 年中央一号文件指出要 "深入推进农业供给侧结构性改革，加快培育农业农村发展新动能"，三农问题再次作为国家关注的焦点被列入中共中央、国务院印发的一号文件。同时商务部和农业农村部继续推进降低生鲜农产品供应链整个过程的税收工作，并且将该政策扩大到肉类、乳制品等产品，以此来降低流通成本与产品价格，提升生鲜农产品零售商在市场中的竞争能力。这些政策文件的出台，为生鲜农产品供应链的协调优化提供了有力保障。

近年来，已有学者在考虑产品新鲜度或损耗率的情况下，从不同角度对生鲜农产品供应的协调优化进行了一些有意义的研究。然而，以往的相关研究大多集中在库存管理、定价订货策略等方面，对生鲜农产品供应链契约协调机制方面的研究却很少。生鲜农产品的易腐性、难以存储和运输的特性，使得供应链管理更为复杂，随着人们生活水平的提高，产品的保鲜显得尤为重要。对于生鲜农产品供应链来说，保鲜成本在整个供应链成本中占据很大的比重。而在一定范围内提高保鲜成本可以增加终端消费者的潜在市场需求，并且保鲜成本的投入会直接影响消费者的效用和零售商的销售量。另外，以往的研究是基于单一的契约形式，单一的契约形式很难有效地实现协调[184]。因为在现实中要考虑更多的影响因素，所以在考虑保鲜努力程度的情况下采用混合的契约协调机制来协调供应链更有现实意义。

本章在既定的消费者效用函数下，考虑保鲜努力程度、消费者对产品新鲜度的敏感程度以及对价格的敏感程度，通过建立由供应商与零售商组成的两级生鲜农产品供应链博弈模型，针对以下问题展开研究。

（1）在既定的消费者效用函数下，消费者对产品新鲜度的敏感程度以及对价格的敏感程度对供应链决策的影响如何？

（2）单一的保鲜成本共担契约对生鲜农产品供应链的协调是否有效？

（3）在保鲜成本共担+收益共享契约下，不同的保鲜努力程度、消费者对产品新鲜度的敏感程度以及对价格的敏感程度对生鲜农产品供应链各方收益会产生怎样的影响？

通过上述问题的研究，在既定的消费者效用函数下，为生鲜农产品供应链契约协调机制的制定提供理论参考。

5.2　问题的描述及参数说明

5.2.1　问题的描述

本章考虑由一个供应商和一个零售商组成生鲜农产品供应链，生鲜农产品供应商以成本 c 获得产品，再以批发价格 w 将产品批发给零售商，零售商以零售价格 p 将产品销售给消费者。根据文献[10]，设变量 τ 为保鲜努力程度，本章由零售商实施保鲜措施来减缓生鲜农产品的衰减，并探究生鲜农产品供应链契约的协调机制。生鲜农产品供应链决策关系图如图 5.1 所示。

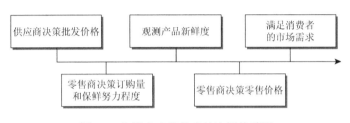

图 5.1　生鲜农产品供应链决策关系图

令 θ 表示产品的新鲜度指数，其取值范围为[0，1]。当 $\theta \to 1$ 时，产品的新鲜度较高；当 $\theta \to 0$ 时，产品的新鲜度较低。根据文献[32]，采用式（5-1）来刻画生鲜农产品的新鲜度：

$$\theta(t) = \theta_0 - \eta \left(\frac{t}{T} \right)^{\frac{1}{2}}, \ t \in [0, T] \tag{5-1}$$

其中，T 为生鲜农产品的销售周期，θ_0 为产品的初始新鲜度，η 为产品的损耗率。从式（5-1）可知，当损耗率增加时，产品的新鲜度将会在产品销售周期期末迅速降低。此外，η 为保鲜努力程度 τ 的函数，可以表示为 $\eta = (1 - k\tau)\eta_0$（参见文献[185]），其中 k 为保鲜努力程度 τ 的系数，并且 $k \in (0, 1)$，$\tau \in (0, 1)$。付出一定的保鲜努力意味着付出一定的成本，令 $c(\tau)$ 表示产品的保鲜成本。根据文献[186]，设定产品的保鲜成本函数为

$$c(\tau) = \frac{1}{2} m \tau^2$$

其中，m 为保鲜成本系数。

在本章的模型中，结合沃尔玛超市生鲜农产品供应链中产品的保鲜模式，由零售商实施保鲜措施，使供应商和零售商都能从产品新鲜度的提高与消费者需求的增大中获益。根据文献[187]，假设消费者的效用函数是消费者对零售价格及新鲜度敏感程度的一个线性函数，那么，在生鲜农产品供应链中，消费者的效用函数为

$$U(t) = U_0 - \alpha p + \beta \theta(t) \tag{5-2}$$

其中，U_0 为生鲜农产品的初始效用值，且其服从[0，1]上的均匀分布，α 为消费者对产品价格的敏感程度，β 为消费者对产品新鲜度的敏感程度。本章的研究框架如图 5.2 所示。

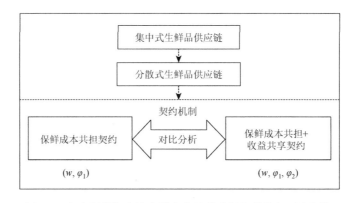

图 5.2　考虑保鲜努力的生鲜农产品供应链契约协调研究框架

5.2.2　模型假设及参数说明

根据研究需要，本书做出如下假设。

（1）在一个销售周期 T 内，顾客到达率 δ 是固定的。

（2）产品的提前期为零并且不允许缺货。

（3）供应商和零售商是风险中性的，他们以追求利益最大化为目标。

其他符号的含义：c 为单位生鲜农产品的生产成本；Q_c 为集中式决策下生鲜农产品零售商的订货量；p_c 为集中式决策下生鲜农产品的零售价格；π_c 为集中式决策下生鲜农产品供应链的总利润；w_i 为分散式决策下生鲜农产品供应商的批发价格；Q_d 为分散式决策下生鲜农产品零售商的订货量；p_d 为分散式决策下生鲜农产品的零售价格；π_{ri} 为分散式决策下生鲜农产品零售商的利润；π_{si} 为分散式决策下生鲜农产品供应商的利润；π_i 为分散式决策下生鲜农产品供应链的总利润。其中，$i=1$ 表示无契约的情况；$i=2$ 表示保鲜成本共担契约的情况；$i=3$ 表示保鲜成本共担+收益共享契约的情况。

5.3　无契约下生鲜农产品供应链的协调分析

本节分析生鲜农产品供应链在无契约下集中式决策和分散式决策中的最优决策问题。对于供应商给定的批发价格，零售商根据产品的新鲜度和质量决策产品的零售价格，进而最大化自身的利润。最终得到无契约下生鲜农产品供应链的均衡解，如表 5.1 所示。

表 5.1　无契约下生鲜农产品供应链的均衡解

均衡解	集中式决策	分散式决策
最优零售价格	$p_c^* = \dfrac{3m(B_1 + 3\alpha c) + 4B_2 c}{2(9\alpha m - 2B_2)}$	$p_d^* = \dfrac{9m(B_1 + 3\alpha c) + 4B_2 c}{4(9\alpha m - B_2)}$
最优批发价格	—	$w_1^* = \dfrac{3m(B_1 + 3\alpha c) + 2B_2 c}{2(9\alpha m - B_2)}$
最优保鲜努力程度	$\tau_c^* = \dfrac{\delta \beta T \eta_0 k(B_1 - 3\alpha c)}{9\alpha m - 2B_2}$	$\tau_d^* = \dfrac{\delta \beta T \eta_0 k(B_1 - 3\alpha c)}{2(9\alpha m - B_2)}$

均衡解	集中式决策	分散式决策
零售商的最优利润	—	$\pi_{r1}^* = \dfrac{\delta Tm(9\alpha m - 2B_2)(B_1 - 3\alpha c)^2}{16(9\alpha m - B_2)^2}$
供应商的最优利润	—	$\pi_{s1}^* = \dfrac{9\delta\alpha Tm^2(B_1 - 3\alpha c)^2}{8(9\alpha m - B_2)^2}$
供应链的最优利润	$\pi_c^* = \dfrac{\delta Tm(B_1 - 3\alpha c)^2}{4(9\alpha m - 2B_2)}$	$\pi_1^* = \dfrac{\delta Tm(B_1 - 3\alpha c)^2(27\alpha m - 2B_2)}{16(9\alpha m - B_2)^2}$

5.3.1　集中式决策

在集中式决策中，供应商和零售商被看作一个整体，他们通过最大化生鲜农产品供应链的总利润来做出最优决策。

从消费者的角度来考虑，购买生鲜农产品的决策是基于积极的消费者效用函数，即 $U(t) > 0$；否则，消费者不会选择购买。因此，生鲜农产品在任意时刻 t 的市场需求函数为 $D(t) = \delta P(U_t > 0)$，$P(U_t > 0)$ 表示当消费者的效用为积极时的概率。将式（5-1）和式（5-2）代入市场需求函数中，可以得到

$$D(t) = \delta P\left(U_0 - \alpha p_c + \beta\left(\theta_0 - \eta\left(\frac{t}{T}\right)^{\frac{1}{2}}\right) > 0\right)$$

$$= \delta P\left(U_0 > \alpha p_c - \beta\left(\theta_0 - \eta\left(\frac{t}{T}\right)^{\frac{1}{2}}\right)\right) = \delta\left(1 - \alpha p_c + \beta\left(\theta_0 - \eta\left(\frac{t}{T}\right)^{\frac{1}{2}}\right)\right)$$

$$(5-3)$$

式（5-3）表示生鲜农产品在任意时刻的整个市场需求，因此，在销售周期 T 内，生鲜农产品的订货量为

$$Q_c = \int_0^T D(t) = \int_0^T \delta\left(1 - \alpha p_c + \beta\left(\theta_0 - \eta\left(\frac{t}{T}\right)^{\frac{1}{2}}\right)\right)\mathrm{d}t \qquad (5-4)$$

那么，在集中式决策中生鲜农产品供应链的利润函数为

$$\pi_c = [(p_c - w) + (w - c)]Q_c - c(\tau)$$

$$= (p_c - c)\int_0^T \delta\left(1 - \alpha p_c + \beta\left(\theta_0 - \eta\left(\frac{t}{T}\right)^{\frac{1}{2}}\right)\right)dt - \frac{1}{2}m\tau^2 \qquad (5-5)$$

在式（5-5）中，集中式决策下的批发价格 w 消失了，需要通过决策零售价格 p_c 和保鲜努力程度 τ 来协调生鲜农产品供应链。

为了求解最优零售价格和最优保鲜努力程度来最大化供应链总利润，分别对利润函数 π_c 关于零售价格 p_c 和保鲜努力程度 τ_c 求一阶导数，并且令其等于 0。求解 $\dfrac{\partial \pi_c}{\partial p_c} = 0$ 和 $\dfrac{\partial \pi_c}{\partial \tau_c} = 0$，可以得到最优零售价格

$$p_c^* = \frac{3m(3\alpha c + B_1) + 4B_2 c}{2(9\alpha m - 2B_2)}$$

最优保鲜努力程度

$$\tau_c^* = \frac{\delta\beta T\eta_0 k(B_1 - 3\alpha c)}{9\alpha m - 2B_2}$$

其中

$$B_1 = 3(1 + \beta\theta_0) - 2\beta\eta_0$$

$$B_2 = \delta T\beta^2\eta_0^2 k^2$$

尽管如此，为确保一阶导数为最优结果，需要证明利润函数是凹函数。由于黑塞矩阵

$$H = \begin{bmatrix} \dfrac{\partial^2 \pi_c}{\partial p_c^2} & \dfrac{\partial^2 \pi_c}{\partial \tau_c \partial p_c} \\[3mm] \dfrac{\partial^2 \pi_c}{\partial \tau_c \partial p_c} & \dfrac{\partial^2 \pi_c}{\partial \tau_c^2} \end{bmatrix} = \begin{bmatrix} -2\alpha\delta T & \dfrac{2\eta_0\beta T\delta k}{3} \\[3mm] \dfrac{2\eta_0\beta T\delta k}{3} & -m \end{bmatrix}$$

所以当 $2\alpha\delta Tm - \left(\dfrac{2\eta_0\beta T\delta k}{3}\right)^2 > 0$ 时，π_c 的黑塞矩阵是负定的，此时利润函数 π_c 是零售价格 p_c 和保鲜努力程度 τ_c 的凹函数。

将 p_c 和 τ_c 代入式（5-5）中，可得集中式决策下生鲜农产品供应链的最优利润为

$$\pi_c^* = \frac{\delta Tm(B_1 - 3\alpha c)^2}{4(9\alpha m - 2B_2)} \qquad (5-6)$$

由 $2\alpha\delta Tm - \left(\dfrac{2\eta_0\beta T\delta k}{3}\right)^2 > 0$ ，可以得到 $9\alpha m - 2T\delta(\eta_0\beta k)^2 > 0$ ，即 $9\alpha m -$

$2B_2 > 0$ ，此时的利润为最优利润。

在本章后面的部分标记 $9\alpha m - 2B_2 > 0$ 。此外，由于最优保鲜努力程度 $\tau_c^* \in (0,1)$ ，

所以，可得

$$0 < B_1 - 3\alpha c < \frac{9\alpha m - 2B_2}{\delta\beta T\eta_0 k}$$

5.3.2　分散式决策

在分散式决策下，供应商和零售商分别制定他们自己的决策，通过最大化自身的利益来得到最优零售价格、最优保鲜努力程度和最优批发价格。

1. 生鲜农产品零售商的最优决策

在分散式生鲜农产品供应链中，零售商根据供应商给予自身的批发价格 w_1 来做出最优决策。推导零售商的市场需求函数和订购量函数的过程与集中式决策相似，因此，零售商的利润函数为

$$\pi_{r1} = (p_d - w_1)Q_d - c(\tau)$$

$$= (p_d - w_1)\int_0^T \delta\left(1 - \alpha p_d + \beta\left(\theta_0 - (1 - k\tau_d)\eta_0\left(\frac{t}{T}\right)^{\frac{1}{2}}\right)\right)\mathrm{d}t - \frac{1}{2}m\tau^2 \quad (5\text{-}7)$$

从式（5-7）中可得零售商的最优零售价格和最优保鲜努力程度。

类似于前面的求解过程，为了求出最优零售价格和最优保鲜努力程度进而最大化 π_{r1} ，分别对利润函数 π_{r1} 关于 p_d 和 τ_d 求一阶导数，并令其等于 0。该函数的黑塞矩阵为

$$H = \begin{bmatrix} -2\alpha\delta T & \dfrac{2\eta_0\beta T\delta k}{3} \\ \dfrac{2\eta_0\beta T\delta k}{3} & -m \end{bmatrix}$$

当 $2\alpha\delta Tm - \left(\dfrac{2\eta_0\beta T\delta k}{3}\right)^2 > 0$ 时，利润函数 π_{r1} 的黑塞矩阵关于 p_d 和 τ_d 是负定的。因此，可以得到零售商的最优零售价格为

$$p_d^*(\tau_d) = \frac{3(\beta\theta_0 + \alpha w_1 + 1) - 2\beta\eta_0(1 - k\tau_d)}{6\alpha}$$

最优保鲜努力程度为

$$\tau_d^*(p_d) = \frac{2(p_d - w_1)\beta\eta_0 T\delta k}{3m}$$

从以上两个式子，可得

$$p_d^*(w_1) = \frac{3m(3\alpha w_1 + B_1) + 4B_2 w_1}{2(9\alpha m - 2B_2)}$$

$$\tau_d^*(w_1) = \frac{\delta\beta T\eta_0 k(B_1 - 3\alpha w_1)}{9\alpha m - 2B_2}$$

结果表明，分散式决策下零售商的最优零售价格和最优保鲜努力程度是供应商批发价格 w_1 的函数，供应商可以通过零售商的反应函数来决策自身的最优批发价格。

2. 生鲜农产品供应商的最优决策

对于供应商中任意给定的批发价格 w_1，零售商存在一个对应的订购量，那么供应商的利润函数为

$$\pi_{s1} = (w_1 - c)Q_d$$

$$= (w_1 - c)\int_0^T \delta\left(1 - \alpha p_d + \beta\left(\theta_0 - (1 - k\tau_d)\eta_0\left(\frac{t}{T}\right)^{\frac{1}{2}}\right)\right)dt \quad (5\text{-}8)$$

将 $p_d^*(w_1)$ 和 $\tau_d^*(w_1)$ 的表达式代入式（5-8）中，可以得到分散式决策下供应商的最优利润，其利润函数仅仅有一个决策变量：批发价格 w_1。

对供应商的利润函数式（5-8）关于批发价格 w_1 求一阶导数，令其等于 0。对式（5-8）关于批发价格 w_1 求二阶导数，可得

$$\frac{\partial^2 \pi_{s1}}{\partial w_1^2} = -\delta\alpha T < 0$$

由此可以看出，供应商的利润函数 π_{s1} 是批发价格 w_1 的凹函数。因此，供应商的最优批发价格为

$$w_1^* = \frac{3m(B_1 + 3\alpha c) + 2B_2 c}{2(9\alpha m - B_2)}$$

代入 $p_d^*(w_1)$ 和 $\tau_d^*(w_1)$，可以得到最优零售价格 p_d^* 和最优保鲜努力程度

$$\tau_d^* = \frac{\delta\beta T\eta_0 k(B_1 - 3\alpha c)}{2(9\alpha m - B_2)}$$

将最优零售价格 p_d^*、最优保鲜努力程度 τ_d^* 和最优批发价格 w_1^* 代入式（5-7）和式（5-8）中，则分散式决策下零售商的最优利润和供应商的最优利润分别为

$$\pi_{r1}^* = \frac{\delta Tm(9\alpha m - 2B_2)(B_1 - 3\alpha c)^2}{16(9\alpha m - B_2)^2} \qquad (5\text{-}9)$$

$$\pi_{s1}^* = \frac{9\delta\alpha Tm^2(B_1 - 3\alpha c)^2}{8(9\alpha m - B_2)^2} \qquad (5\text{-}10)$$

由于 $9\alpha m - 2B_2 > 0$，我们知道 $B_2 = \delta T\beta^2\eta_0^2 k_1^2 > 0$，因此 $9\alpha m - B_2 > 0$，$p_d^* > 0$。同理，由于最优保鲜努力程度 $\tau_d^* \in (0,1)$，$\tau_d^* = \frac{\delta\beta T\eta_0 k(B_1 - 3\alpha c)}{2(9\alpha m - B_2)}$，因此，

$$0 < B_1 - 3\alpha c < \frac{9\alpha m - 2B_2}{\delta\beta T\eta_0 k} < \frac{9\alpha m - B_2}{\delta\beta T\eta_0 k}。$$

3. 集中式决策和分散式决策的对比

从上面的分析中可以得出集中式生鲜农产品供应链下的最优零售价格和最优保鲜努力程度，分散式生鲜农产品供应链下的最优零售价格和最优保鲜努力程度，通过对比集中式决策和分散式决策的最优零售价格、最优保鲜努力程度与利润，可以得到命题 5.1。

命题 5.1 对比集中式决策与分散式决策下生鲜农产品供应链的均衡解：（1）$\tau_d^* < \tau_c^*$；（2）当 $2B_2 < 9\alpha m < 4B_2$ 时，$p_d^* < p_c^*$；当 $9\alpha m > 4B_2$ 时，$p_d^* > p_c^*$；（3）$\pi_{r1}^* + \pi_{s1}^* < \pi_c^*$。

证明：

（1）$\tau_d^* - \tau_c^* = \frac{\delta\beta T\eta_0 k(B_1 - 3\alpha c)}{2(9\alpha m - B_2)} - \frac{\delta\beta T\eta_0 k(B_1 - 3\alpha c)}{9\alpha m - 2B_2}$，由于分子相同，分母 $2(9\alpha m - B_2) = 18\alpha m - 2B_2 > 9\alpha m - 2B_2$，所以 $\tau_d^* - \tau_c^* < 0$。即 $\tau_d^* < \tau_c^*$。

（2）前面已经给定 $9\alpha m - 2B_2 > 0$，零售价格是正的，所以 $9\alpha m - B_2 > 0$。因此

$$p_d^* - p_c^* = \frac{9m(3\alpha c + B_1) + 4B_2 c}{4(9\alpha m - B_2)} - \frac{3m(3\alpha c + B_1) + 4B_2 c}{2(9\alpha m - 2B_2)}$$

$$= \frac{9m(9\alpha m - 4B_2)(B_1 - 3\alpha c)}{2(9\alpha m - B_2)(9\alpha m - 2B_2)}$$

那么，当 $9\alpha m - 4B_2 > 0$ 时，$p_d^* > p_c^*$；而当 $9\alpha m - 4B_2 < 0$ 时，即 $2B_2 < 9\alpha m < 4B_2$ 时，$p_d^* < p_c^*$。

（3）通过求解零售商的利润函数式（5-9）和供应商的利润函数式（5-10）之和，可得分散式决策生鲜农产品供应链的总利润

$$\pi_{ri}^*(p_d^*, \tau_d^*) + \pi_{si}^*(p_d^*, \tau_d^*) = \frac{\delta Tm(B_1 - 3\alpha c)^2 (27\alpha m - 2B_2)}{16(9\alpha m - B_2)^2}$$

与集中式决策时的总利润进行对比，可得

$$\frac{\pi_c^*(p_c^*, \tau_c^*)}{\pi_{ri}^*(p_d^*, \tau_d^*) + \pi_{si}^*(p_d^*, \tau_d^*)} = \frac{4(9\alpha m - B_2)^2}{(9\alpha m - 2B_2)(27\alpha m - 2B_2)} = \frac{324\alpha^2 m^2 - 72\alpha m B_2 + 4B_2^2}{243\alpha^2 m^2 - 72\alpha m B_2 + 4B_2^2} > 1$$

即

$$\pi_{ri}^*(p_d^*, \tau_d^*) + \pi_{si}^*(p_d^*, \tau_d^*) < \pi_c^*(p_c^*, \tau_c^*)$$

命题 5.1 表明，分散式决策下生鲜农产品供应链的总利润低于集中式决策的总利润，最优保鲜努力程度低于集中式决策的情况。从这些结论可知，由于供应链中双边际效应的问题，分散式决策没有达到最优。因此，通过设计合理的契约来协调生鲜农产品供应链是必要的。

本章强调通过利润最大化达到集中式决策时的水平。下面把 π_c 作为标杆，让其成为供应商和零售商签订合同并达成最大利润的动力，也就是说，二者在达到自身利益最大化时，也要考虑供应链总利润的最大化。

5.4　保鲜成本共担契约下生鲜农产品供应链的协调分析

在供应链的分散式决策下，供应链成员作为独立的个体，往往只追求自身利益最大化，而不顾及供应链系统整体利益，这导致供应链系统整体绩效的降低，即所谓的双边际效应。通过有效的条款和转移支付机制可以实现供应链协调，使供应链各成员在自身利益最大化的同时保持供应链整体利益最大化。这一部分通过保鲜成本共担契约对生鲜农产品供应链进行协调，并与无契约的情况进行对比，进而得出最优决策。

从命题 5.1 可知 $\tau_d^* < \tau_c^*$，为了在分散式生鲜农产品供应链下得到最优保鲜努力程度 τ_c^*，零售商必须付出更高的保鲜成本，而供应商可能没有足够的动力来做。因此，有必要为零售商和供应商设计一个保鲜成本共担契约来使供应链达到协调。通常情况下，成本共担契约包含两个参数，一个是批发价格 w_2，另一个是供应商的成本共担系数 φ_1 $(0 < \varphi_1 < 1)$。

根据以上分析，零售商的利润函数为

$$\pi_{r2} = (p_d - w_2)Q_d - (1 - \varphi_1)c(\tau)$$

$$= (p_d - w_2)\int_0^T \delta\left(1 - \alpha p_d + \beta\left(\theta_0 - (1 - k\tau_d)\eta_0\left(\frac{t}{T}\right)^{\frac{1}{2}}\right)\right)dt - \frac{1}{2}(1 - \varphi_1)m\tau^2$$

（5-11）

供应商的利润函数为

$$\pi_{s2} = (w_2 - c)Q_d - \varphi_1 c(\tau)$$

$$= (w_2 - c)\int_0^T \delta\left(1 - \alpha p_d + \beta\left(\theta_0 - (1 - k\tau_d)\eta_0\left(\frac{t}{T}\right)^{\frac{1}{2}}\right)\right)dt - \frac{1}{2}\varphi_1 m\tau_d^2$$

（5-12）

基于上述讨论，可以得到保鲜成本共担契约下生鲜农产品供应链的均衡解，如表 5.2 所示。

表 5.2　保鲜成本共担契约下生鲜农产品供应链的均衡解

均衡解	保鲜成本共担契约
最优零售价格	$p_d^* = \dfrac{9m(1 - \varphi_1)(B_1 + 3\alpha c) + 4B_2 c}{4(9(1 - \varphi_1)\alpha m - B_2)}$
最优保鲜努力程度	$\tau_d^* = \dfrac{\delta\beta T\eta_0 k(B_1 - 3\alpha c)}{2(9(1 - \varphi_1)\alpha m - B_2)}$
零售商的最优利润	$\pi_{r2}^* = \dfrac{\delta Tm(9(1 - \varphi_1)^2\alpha m - 2B_2)(B_1 - 3\alpha c)^2}{16(9(1 - \varphi_1)\alpha m - B_2)^2}$
供应商的最优利润	$\pi_{s2}^* = \dfrac{\delta Tm(9(1 - \varphi_1)^2\alpha m - \varphi_1 B_2)(B_1 - 3\alpha c)^2}{8(9(1 - \varphi_1)\alpha m - B_2)^2}$
供应链的最优利润	$\pi_2^* = \dfrac{\delta Tm(B_1 - 3\alpha c)^2(6.75\alpha m - 3B_2)}{16(4.5\alpha m - B_2)^2}$

对零售商的利润函数式（5-11）关于零售价格 p_d 和保鲜努力程度 τ_d 求二阶导数，可得

$$\frac{\partial^2 \pi_{r2}}{\partial p_d^2} = -2\delta\alpha T < 0, \frac{\partial^2 \pi_{r2}}{\partial \tau_d^2} = -m(1 - \varphi_1) < 0$$

零售商利润函数的黑塞矩阵为

$$H = \begin{bmatrix} -2\alpha\delta T & \dfrac{2\eta_0\beta T\delta k}{3} \\ \dfrac{2\eta_0\beta T\delta k}{3} & -m(1-\varphi_1) \end{bmatrix}$$

当 $2\alpha\delta Tm(1-\varphi_1) - \left(\dfrac{2\eta_0\beta T\delta k}{3}\right)^2 > 0$ 时，π_{r2} 的黑塞矩阵对 p_d 和 τ_d 是负定的。因此，π_{r2} 是 p_d 和 τ_d 的凹函数，最优解存在。

同理，对供应商的利润函数式（5-12）关于批发价格 w_2 求二阶导数，可得

$$\frac{\partial^2 \pi_{s2}}{\partial w_2^2} = -\delta\alpha T < 0$$

因此，供应商的利润函数 π_{s2} 是批发价格 w_2 的凹函数，最优解存在。求解 $\dfrac{\partial \pi_{s2}}{\partial w_2} = 0$，然后将 w_2 代入 $\dfrac{\partial \pi_{r2}}{\partial p_d} = 0$ 和 $\dfrac{\partial \pi_{r2}}{\partial \tau_d} = 0$，可以得到保鲜成本共担契约。对任何给定的保鲜成本共担系数 φ_1，零售商的最优零售价格为

$$p_d^* = \frac{9m(1-\varphi_1)(B_1+3\alpha c)+4B_2 c}{4(9(1-\varphi_1)\alpha m - B_2)}$$

最优保鲜努力程度为

$$\tau_d^* = \frac{\delta\beta T\eta_0 k(B_1-3\alpha c)}{2(9(1-\varphi_1)\alpha m - B_2)}$$

将生鲜农产品供应链的最优零售价格 p_d^* 和最优保鲜努力程度 τ_d^* 代入式（5-11）和式（5-12）中，零售商和供应商的最优利润分别为

$$\pi_{r2}^* = \frac{\delta Tm(9(1-\varphi_1)^2\alpha m - 2B_2)(B_1-3\alpha c)^2}{16(9(1-\varphi_1)\alpha m - B_2)^2} \tag{5-13}$$

$$\pi_{s2}^* = \frac{\delta Tm(9(1-\varphi_1)^2\alpha m - \varphi_1 B_2)(B_1-3\alpha c)^2}{8(9(1-\varphi_1)\alpha m - B_2)^2} \tag{5-14}$$

在保鲜成本共担契约下，当供应商和零售商共同承担保鲜成本时，供应商才有足够的动力去付出保鲜努力。为了求解该契约下生鲜农产品供应链的最优决策，使各项均衡解更加趋近于集中式决策下的均衡解，令分散式决策下的最优保鲜努力程度等于集中式决策下的最优保鲜努力程度，即 $\tau_d^* = \tau_c^*$，对比保鲜成本共担契约下的最优决策和无契约下集中式供应链下的最优决策，可得命题 5.2。

命题 5.2 对比保鲜成本共担契约下和无契约下生鲜农产品供应链的均衡解：当 $\tau_d^* = \tau_c^*$ 时，可得① $p_d^* > p_c^*$；② $\pi_{r2}^* + \pi_{s2}^* < \pi_c^*$。

证明：

（1）从 $\tau_d^* = \dfrac{\delta\beta T\eta_0 k(B_1 - 3\alpha c)}{2(9(1-0.5)\alpha m - B_2)} = \dfrac{\delta\beta T\eta_0 k(B_1 - 3\alpha c)}{9\alpha m - 2B_2} = \tau_c^*$ 中，可得 $\varphi_1 = 0.5$。因此

$$p_d^* = \frac{9m(1-0.5)(B_1 + 3\alpha c) + 4B_2 c}{4(9(1-0.5)\alpha m - B_2)} > \frac{3m(B_1 + 3\alpha c) + 4B_2 c}{2(9\alpha m - 2B_2)} = p_c^*$$

即 $p_d^* > p_c^*$。

（2）保鲜成本共担契约下，生鲜农产品供应链的总利润为

$$\pi_{r2}^* + \pi_{s2}^* = \frac{\delta Tm(9(1-0.5)^2\alpha m - 2B_2)(B_1 - 3\alpha c)^2}{16(9(1-0.5)\alpha m - B_2)^2} + \frac{\delta Tm(9(1-0.5)^2\alpha m - 0.5B_2)(B_1 - 3\alpha c)^2}{8(9(1-0.5)\alpha m - B_2)^2}$$

$$= \frac{\delta Tm(B_1 - 3\alpha c)^2(6.75\alpha m - 3B_2)}{16(4.5\alpha m - B_2)^2}$$

因此，$\dfrac{\pi_c^*}{\pi_{r2}^* + \pi_{s2}^*} > 1$，即 $\pi_{r2}^* + \pi_{s2}^* < \pi_c^*$。

命题 5.2 表明，保鲜成本共担契约下的零售价格高于集中式供应链下的价格，总利润低于无契约下的总利润。尽管零售商通过保鲜成本共担契约改善了保鲜努力水平，但却没有实现生鲜农产品供应链的协调。因此，我们需要考虑能否通过增加一个收益共享契约来达到利润最大化。

5.5 保鲜成本共担+收益共享契约下生鲜农产品供应链的协调分析

为了使最优零售价格、最优保鲜努力程度和总利润达到集中式决策时的最优水平，我们考虑这样一种契约机制，在供应商愿意承担保鲜成本时，零售商也愿意把自己的收益分一部分给供应商，即在保鲜成本共担契约的基础上加入收益共享契约，形成一种混合的契约机制。

保鲜成本共担+收益共享契约包含三个参数，第一个是产品的批发价格 w_3，第二个是供应商的成本共担系数 φ_1（$0 < \varphi_1 < 1$），第三个是供应商的收益共享系数 φ_2（$0 < \varphi_2 < 1$）。因此，零售商的利润函数为

$$\pi_{r3} = (1-\varphi_2)p_d Q_d - w_3 Q_d - (1-\varphi_1)c(\tau)$$

$$= ((1-\varphi_2)p_d - w_3)\int_0^T \delta\left(1 - \alpha p_d + \beta\left(\theta_0 - (1-k\tau_d)\eta_0\left(\frac{t}{T}\right)^{\frac{1}{2}}\right)\right)dt - \frac{1}{2}(1-\varphi_1)m\tau_d^2$$

$$（5\text{-}15）$$

供应商的利润函数为

$$\pi_{s3} = \varphi_2 p_d Q_d + (w_3 - c)Q_d - \varphi_1 c(\tau)$$

$$= (w_3 - c + \varphi_2 p_d)\int_0^T \delta\left(1 - \alpha p_d + \beta\left(\theta_0 - (1-k\tau_d)\eta_0\left(\frac{t}{T}\right)^{\frac{1}{2}}\right)\right)dt - \frac{1}{2}\varphi_1 m\tau_d^2$$

$$（5\text{-}16）$$

基于以上分析，我们得到了保鲜成本共担+收益共享契约下生鲜农产品供应链的均衡解，如表 5.3 所示。

表 5.3　保鲜成本共担+收益共享契约下生鲜农产品供应链的均衡解

均衡解	保鲜成本共担+收益共享契约
最优零售价格	$p_d^*(\tau_d^*) = \dfrac{3(1-\varphi_2)(\beta\theta_0 + 1) - 2(1-\varphi_2)\beta\eta_0(1-k\tau_d) + 3w_3\alpha}{6(1-\varphi_2)\alpha}$
最优保鲜努力程度	$\tau_d^*(p_d^*) = \dfrac{2((1-\varphi_2)p_d^* - w_3)\beta\eta_0 T\delta k}{3(1-\varphi_1)m}$
零售商的最优利润	$\pi_{r3}^* = \dfrac{(1-\varphi_2)\delta Tm(B_1 - 3\alpha c)^2}{4(9\alpha m - 2B_2)}$
供应商的最优利润	$\pi_{s3}^* = \dfrac{\varphi_2 \delta Tm(B_1 - 3\alpha c)^2}{4(9\alpha m - 2B_2)}$
供应链的最优利润	$\pi_3^* = \dfrac{\delta Tm(B_1 - 3\alpha c)^2}{4(9\alpha m - 2B_2)}$

对零售商的利润函数式（5-15）关于零售价格 p_d 和保鲜努力程度 τ_d 求二阶导数，可得

$$\frac{\partial^2 \pi_{r3}}{\partial p_d^2} = -2(1-\varphi_2)\delta\alpha T < 0$$

$$\frac{\partial^2 \pi_{r3}}{\partial \tau_d^2} = -(1 - \varphi_1)m < 0$$

利润函数 π_{r3} 的黑塞矩阵为

$$H = \begin{bmatrix} -2(1-\varphi_2)\alpha\delta T & \dfrac{2(1-\varphi_2)\eta_0\beta T\delta k}{3} \\ \dfrac{2(1-\varphi_2)\eta_0\beta T\delta k}{3} & -m(1-\varphi_1) \end{bmatrix}$$

这表明当 $2\alpha\delta Tm(1-\varphi_1) - \left(\dfrac{2\eta_0\beta T\delta k}{3}\right)^2 > 0$ 时，π_{r3} 的黑塞矩阵关于零售价格 p_d 和保鲜努力程度 τ_d 是负定的。因此 π_{r3} 是 p_d 和 τ_d 的凹函数，存在最优解。

求解 $\dfrac{\partial \pi_{r3}}{\partial \tau_d} = 0$ 和 $\dfrac{\partial \pi_{r3}}{\partial p_d} = 0$，可得零售商的最优零售价格为

$$p_d^*(\tau_d^*) = \frac{3(1-\varphi_2)(\beta\theta_0 + 1) - 2(1-\varphi_2)\beta\eta_0(1 - k\tau_d) + 3w_3\alpha}{6(1-\varphi_2)\alpha}$$

最优保鲜努力程度为

$$\tau_d^*(p_d^*) = \frac{2((1-\varphi_2)p_d^* - w_3)\beta\eta_0 T\delta k}{3(1-\varphi_1)m}$$

令 $p_d^* = p_c^*$，$\tau_d^* = \tau_c^*$，因此有必要调整供应商的批发价格 w_3 来促进供应链的协调，这样就得到了命题 5.3。

命题 5.3 如果保鲜成本共担+收益共享契约 $(\varphi_1, \varphi_2, w_3)$ 满足 $\varphi_1 = \varphi_2$，$w_3 = (1 - \varphi_2)c$ 和 $\dfrac{9\alpha m(9\alpha m - 2B_2)}{2(9\alpha m - B_2)^2} \leq \varphi_2 \leq 1 - \dfrac{(9\alpha m - 2B_2)^2}{4(9\alpha m - B_2)^2}$，则 $\pi_{r3}^* + \pi_{s3}^* = \pi_c^*$，生鲜农产品供应链实现协调。

证明：令 $p_d^* = p_c^*$，即 $\dfrac{w_3}{2(1-\varphi_2)} = \dfrac{c}{2}$。求解，可得 $w_3 = c(1 - \varphi_2)$。

同理，令 $\tau_d^* = \tau_c^*$，可得 $\dfrac{(1-\varphi_2)p_d^* - w_3}{1 - \varphi_1} = p_c^* - c$，即 $(1-\varphi_2)(p_d^* - c) = (1 - \varphi_1)(p_c^* - c)$，因此，$\varphi_1 = \varphi_2$。

将 $\varphi_1 = \varphi_2$，$w_3 = c(1 - \varphi_2)$，p_c^* 和 τ_c^* 代入式（5-15）和式（5-16）中，可得零售商的最优利润为

$$\pi_{r3}^* = \frac{(1-\varphi_2)\delta Tm(B_1 - 3\alpha c)^2}{4(9\alpha m - 2B_2)} \tag{5-17}$$

供应商的最优利润为

$$\pi_{s3}^* = \frac{\varphi_2 \delta Tm(B_1 - 3\alpha c)^2}{4(9\alpha m - 2B_2)} \tag{5-18}$$

对比式（5-17）、式（5-18）和式（5-9）、式（5-10），可得 $\dfrac{9\alpha m(9\alpha m - 2B_2)}{2(9\alpha m - B_2)^2} \leqslant$

$\varphi_2 \leqslant 1 - \dfrac{(9\alpha m - 2B_2)^2}{4(9\alpha m - B_2)^2}$

那么，保鲜成本共担+收益共享契约下的生鲜农产品供应链的总利润为

$$\pi_3^* = \pi_{r3}^* + \pi_{s3}^* = \frac{(1-\varphi_2)\delta Tm(B_1-3\alpha c)^2}{4(9\alpha m - 2B_2)} + \frac{\varphi_2 \delta Tm(B_1-3\alpha c)^2}{4(9\alpha m - 2B_2)} = \frac{\delta Tm(B_1-3\alpha c)^2}{4(9\alpha m - 2B_2)}$$

$$\tag{5-19}$$

该契约下的总利润与集中式决策下的总利润相等，即 $\pi_{r3}^* + \pi_{s3}^* = \pi_c^*$，所以采用保鲜成本共担+收益共享契约来对生鲜农产品供应链进行协调是有意义的。

命题 5.4　对比保鲜成本共担+收益共享契约下和无契约下生鲜农产品供应链的均衡解：① $\pi_{r3}^* \geqslant \pi_{r1}^*$，$\pi_{s3}^* \geqslant \pi_{s1}^*$；② $\pi_{r3}^* + \pi_{s3}^* = \pi_c^*$。

证明：

（1）对比保鲜成本共担+收益共享契约和分散式供应链下的零售商利润，可得

$$\pi_{r3}^* - \pi_{r1}^* = \frac{(1-\varphi_1)\delta Tm(B_1-3\alpha c)^2}{4(9\alpha m - 2B_2)} - \frac{\delta Tm(9\alpha m - 2B_2)(B_1-3\alpha c)^2}{16(9\alpha m - B_2)^2}$$

$$= \delta Tm(B_1-3\alpha c)^2 \left[\frac{1-\varphi_1}{4(9\alpha m - 2B_2)} - \frac{9\alpha m - 2B_2}{16(9\alpha m - B_2)^2} \right]$$

由于 $\varphi_1 \in \left[\dfrac{9\alpha m(9\alpha m - 2B_2)}{2(9\alpha m - B_2)^2}, \dfrac{(9\alpha m - 2B_2)^2}{4(9\alpha m - B_2)^2} \right]$，$1-\varphi_1 \geqslant \dfrac{(9\alpha m - 2B_2)^2}{4(9\alpha m - B_2)^2}$，因此

$\pi_{r3}^* - \pi_{r1}^* \geqslant 0$。即保鲜成本共担+收益共享契约下零售商的利润高于分散式决策下的利润。

同理

$$\pi_{s3}^* - \pi_{s1}^* = \frac{\varphi_2 \delta Tm(B_1-3\alpha c)^2}{4(9\alpha m - 2B_2)} - \frac{9\alpha \delta Tm(B_1-3\alpha c)^2}{8(9\alpha m - B_2)^2}$$

$$= \delta Tm(B_1-3\alpha c)^2 \left[\frac{\varphi_2}{4(9\alpha m - 2B_2)} - \frac{9\alpha}{8(9\alpha m - B_2)^2} \right]$$

由于 $\varphi_2 \in \left[\dfrac{9\alpha m(9\alpha m - 2B_2)}{2(9\alpha m - B_2)^2}, 1 - \dfrac{(9\alpha m - 2B_2)^2}{4(9\alpha m - B_2)^2} \right]$，$\varphi_2 \geqslant \dfrac{9\alpha m(9\alpha m - 2B_2)}{2(9\alpha m - B_2)^2}$，因此 $\pi_{s3}^* - \pi_{s1}^* \geqslant 0$。即保鲜成本共担+收益共享契约下供应商的利润高于分散式决策下的利润。

（2）保鲜成本共担+收益共享契约下的生鲜农产品供应链总利润为

$$\pi_3^* = \pi_{r3}^* + \pi_{s3}^* = \frac{(1-\varphi_2)\delta Tm(B_1 - 3\alpha c)^2}{4(9\alpha m - 2B_2)} + \frac{\varphi_2 \delta Tm(B_1 - 3\alpha c)^2}{4(9\alpha m - 2B_2)} = \frac{\delta Tm(B_1 - 3\alpha c)^2}{4(9\alpha m - 2B_2)}$$

因此，命题 5.4 得证。

命题 5.3 表明，当保鲜成本共担系数 φ_1 和收益共享系数 φ_2 相等时，并且其取值范围为 $\left[\dfrac{9\alpha m(9\alpha m - 2B_2)}{2(9\alpha m - B_2)^2}, 1 - \dfrac{(9\alpha m - 2B_2)^2}{4(9\alpha m - B_2)^2} \right]$ 时，通过保鲜成本共担+收益共享契约可以使生鲜农产品供应链达成协调，零售商和供应商也能实现共赢。

命题 5.4 表明，通过采用保鲜成本共担+收益共享契约与无契约下供应链利润的对比可以发现，供应链上各企业都比无契约时得到了更高的利润，然后，供应商和零售商有足够的动力来接受保鲜成本共担+收益共享契约。

基于以上的分析，保鲜成本共担+收益共享契约在实践中应该如何应用呢？首先，供应商和零售商签订保鲜成本共担+收益共享契约 $(\varphi_1, \varphi_2, w_3)$，然后，供应商观察零售商的最优零售价格和最优保鲜努力程度，通过 $w_3 = (1-\varphi_2)c$ 确定批发价格。通过该契约可知，供应商的保鲜成本共担系数为 φ_1，零售商的保鲜成本共担系数为 $(1-\varphi_1)$；供应商的收益共享系数为 φ_2，零售商的收益共享系数为 $(1-\varphi_2)$，其中 $\varphi_1 = \varphi_2$，其取值范围为 $\left[\dfrac{9\alpha m(9\alpha m - 2B_2)}{2(9\alpha m - B_2)^2}, 1 - \dfrac{(9\alpha m - 2B_2)^2}{4(9\alpha m - B_2)^2} \right]$。

命题 5.5 在保鲜成本共担+收益共享契约 $(\varphi_1, \varphi_2, w_3)$ 下，收益共享系数 φ_2 与消费者对价格的敏感程度 α 呈负相关的关系，收益共享系数 φ_2 与消费者对新鲜度的敏感程度 β 呈正相关的关系。

证明：通过命题 5.3 中的 $\varphi_2 \in \left[\dfrac{9\alpha m(9\alpha m - 2B_2)}{2(9\alpha m - B_2)^2}, 1 - \dfrac{(9\alpha m - 2B_2)^2}{4(9\alpha m - B_2)^2} \right]$，标记 $\varphi_2 \in [\varphi_{2\min}, \varphi_{2\max}]$。对收益共享系数 $\varphi_{2\min}$ 关于 α 求一阶导数，可得

$$\frac{\partial \varphi_{2\min}}{\partial \alpha} = \frac{9mB_2^2}{(9\alpha m - B_2)^3} > 0$$

即 $\varphi_{2\min}$ 是 α 的增函数；对收益共享系数 $\varphi_{2\max}$ 关于 α 求一阶导数，可得

$$\frac{\partial \varphi_{2\max}}{\partial \alpha} = \frac{9(9\alpha m - 2B_2)mB_2}{2(9\alpha m - B_2)^3} < 0$$

即 $\varphi_{2\max}$ 是 α 的减函数。因此，当 $\varphi_2 \in [\varphi_{2\min}, \varphi_{2\max}]$ 时，φ_2 随着 α 的增加而减小。换句话说，供应商的收益共享系数与消费者对价格的敏感程度呈负相关的关系，α 越大，生鲜农产品供应链上的企业越不愿接受这种契约形式，越难以实现协调。

同理

$$\frac{\partial \varphi_{2\min}}{\partial \beta} = \frac{18\alpha mB_2^2}{\beta(9\alpha m - B_2)^3} < 0, \frac{\partial \varphi_{2\max}}{\partial \beta} = \frac{9\alpha m(9\alpha m - 2B_2)B_2}{\beta(9\alpha m - B_2)^3} > 0$$

因此，当 $\varphi_2 \in [\varphi_{2\min}, \varphi_{2\max}]$ 时，φ_2 随着 β 的增加而增加。换句话说，供应商的收益共享系数与消费者对新鲜度的敏感程度呈正相关的关系，β 越大，生鲜农产品供应链上的企业越愿意接受这种契约形式，越容易实现协调。

从命题 5.3 和命题 5.5 可知，当供应商和零售商商讨契约的相关系数时，应该选择合适的条件使得双方都受益。消费者的不同偏好对生鲜农产品供应链的总利润有着不同的影响，对于供应链能否实现协调也起着至关重要的作用。因此，从生鲜农产品供应链的角度来说，各节点企业应该及时关注市场的需求情况和消费者的实际偏好，合理地制定企业决策，提高供应链的收益，进而优化整个生鲜农产品供应链。

5.6　算　例　分　析

上面主要针对如何采用保鲜成本共担+收益共享契约来协调生鲜农产品供应链，以及其对利润的影响进行了理论推导，为了验证前面的结论，现在以一种具体的生鲜农产品为例来进行说明。相关参数如表 5.4 所示。

表 5.4　相关参数

k	m	c	δ	T	θ_0	η_0
0.20	100	0.50	100	10	0.90	0.80

　　将表 5.4 中的各参数代入相关表达式中，分析消费者对产品价格和新鲜度的不同偏好对于契约协调以及生鲜农产品供应商与零售商最优值的影响。

　　图 5.3 验证了命题 5.1、命题 5.2 以及命题 5.3 中的结论。该图主要展示了无契约时集中式供应链和分散式供应链中的最优零售价格与最优保鲜努力程度。图 5.3（a）和图 5.3（d）表明，集中式供应链中的最优保鲜努力程度高于分散式供应链中的最优保鲜努力程度；图 5.3（b）和图 5.3（e）表明，集中式供应链中的最优零售价格低于分散式供应链中的最优零售价格；图 5.3（c）和图 5.3（f）表明，集中式供应链中的最优总利润高于分散式供应链中的最优总利润。因此，无契约时集中式生鲜农产品供应链优于分散式生鲜农产品供应链。

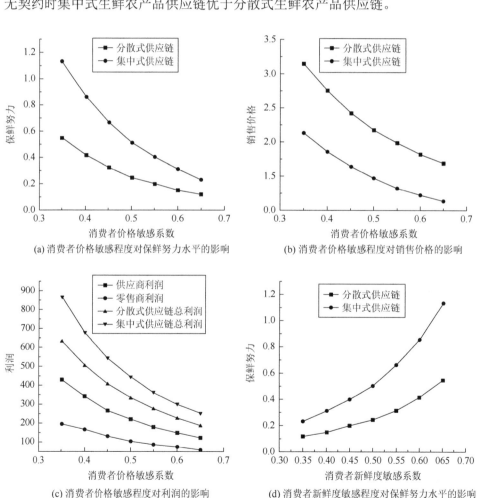

(a) 消费者价格敏感程度对保鲜努力水平的影响　　(b) 消费者价格敏感程度对销售价格的影响

(c) 消费者价格敏感程度对利润的影响　　(d) 消费者新鲜度敏感程度对保鲜努力水平的影响

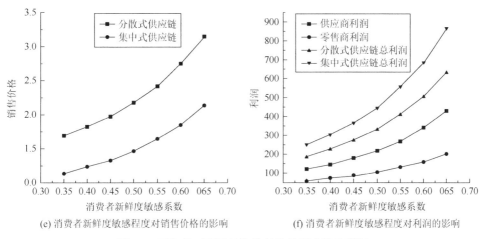

(e) 消费者新鲜度敏感程度对销售价格的影响　　(f) 消费者新鲜度敏感程度对利润的影响

图 5.3　无契约下不同风险偏好的最优决策及利润

从图 5.4 可以看出，保鲜成本共担契约下最优保鲜努力程度达到了集中式供应链时的最优水平（图 5.4（a）和图 5.4（d））；但是产品的最优零售价格却高于集中式供应链时的最优零售价格（图 5.4（b）和图 5.4（e））；分散式供应链的总利润低于集中式供应链时的总利润（图 5.4（c）和图 5.4（f））。因此，通过保鲜成本共担契约不能够实现生鲜农产品供应链的协调。

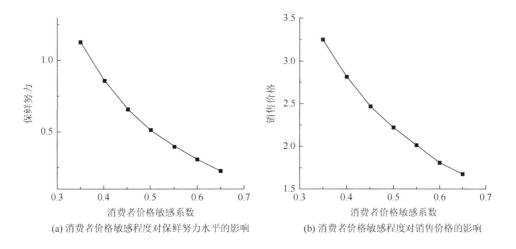

(a) 消费者价格敏感程度对保鲜努力水平的影响　　(b) 消费者价格敏感程度对销售价格的影响

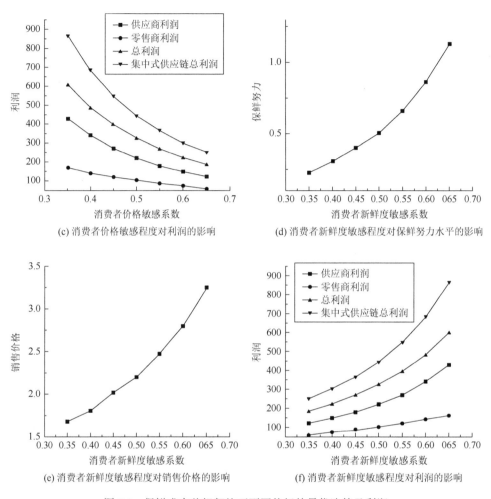

(c) 消费者价格敏感程度对利润的影响　　　(d) 消费者新鲜度敏感程度对保鲜努力水平的影响

(e) 消费者新鲜度敏感程度对销售价格的影响　　　(f) 消费者新鲜度敏感程度对利润的影响

图 5.4　保鲜成本共担契约下不同偏好的最优决策及利润

　　图 5.5 揭示了保鲜成本共担+收益共享契约下的最优决策及利润，这些结果验证了命题 5.4 和命题 5.5 的结论，对比图 5.3（a）、图 5.3（d）和图 5.5（a）、图 5.5（d），图 5.3（b）、图 5.3（e）和图 5.5（b）、图 5.5（e），可以看出保鲜成本共担+收益共享契约下的最优保鲜努力程度和零售价格达到了集中式供应链时的最优水平；供应商和零售商自身的利润也高于无契约的情况与保鲜成本共担契约的情况。除此之外，从图 5.5（c）和图 5.5（f）可以看出，保鲜成本共担+收益共享契约下生鲜农产品供应链的总利润达到了集中式决策时的水平。

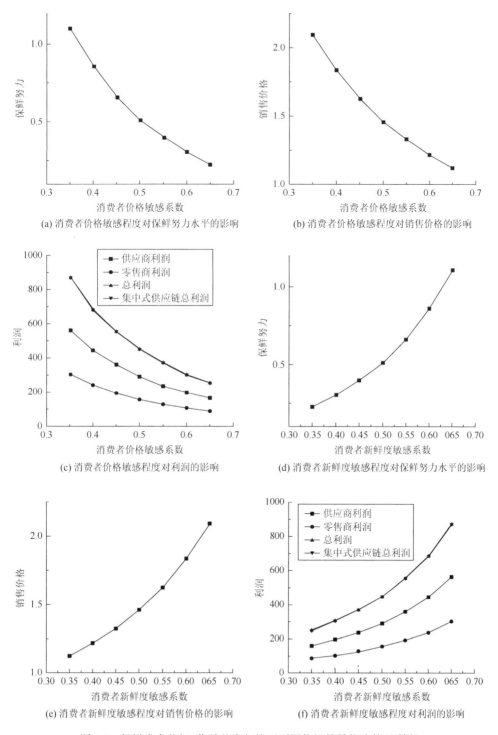

(a) 消费者价格敏感程度对保鲜努力水平的影响　　(b) 消费者价格敏感程度对销售价格的影响

(c) 消费者价格敏感程度对利润的影响　　(d) 消费者新鲜度敏感程度对保鲜努力水平的影响

(e) 消费者新鲜度敏感程度对销售价格的影响　　(f) 消费者新鲜度敏感程度对利润的影响

图 5.5　保鲜成本共担+收益共享契约下不同偏好的最优决策及利润

　　基于命题 5.5,图 5.6 描述了消费者对产品价格的敏感程度及对新鲜度的敏感程度对供应链利润的影响。我们知道保鲜成本共担+收益共享契约下供应链的总利润达到了集中式决策时的水平。从图 5.6 可知,生鲜农产品供应链的总利润随着消费者对产品新鲜度敏感程度的增加而增加,随着消费者对产品价格敏感程度的增加而减少。

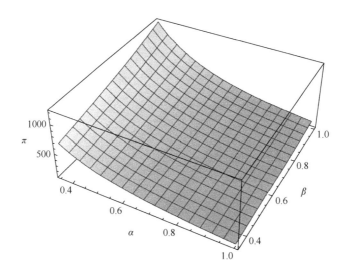

图 5.6　消费者对价格的敏感程度及对新鲜度的敏感程度对供应链利润的影响

　　由以上的分析可知,从产品保鲜努力的视角,保鲜成本共担+收益共享契约可以使供应链获得更高的保鲜努力水平,为供应商和零售商带来更多的利润。这验证了在考虑保鲜努力程度的情况下,供应商和零售商更加偏向于采用保鲜成本共担+收益共享契约,并且在保鲜努力的激励下愿意和供应链上的企业合作。

5.7　本 章 小 结

　　本章在既定的消费者效用函数下,考虑保鲜努力程度、消费者对产品新鲜度的敏感程度以及对价格的敏感程度,建立供应商与零售商的两级生鲜农产品供应链博弈模型,进一步研究了在分散式决策下,上下游企业能够通过保鲜成本共担+收益共享契约而达到集中式决策水平的问题。在对模型进行理论分析的基础上,通过算例作进一步详细分析。通过研究,得出以下结论。

（1）保鲜成本共担+收益共享契约比保鲜成本共担契约能够更好地实现生鲜农产品供应链的协调。此时，生鲜农产品供应链的最优保鲜努力水平达到了集中式决策时的最优保鲜努力水平，最优零售价格也达到了集中式决策时的最优零售价格，生鲜农产品供应链的总利润也达到了集中式决策的总利润。此时，供应链整体得到了优化。

（2）消费者对生鲜农产品销售价格的偏好越大，生鲜农产品供应链上的供应商和零售商越不愿意接受保鲜成本共担+收益共享契约，进而供应链难以实现协调；消费者对生鲜农产品新鲜度的偏好越大，生鲜农产品供应链上的供应商和零售商越愿意接受保鲜成本共担+收益共享契约，进而供应链容易实现协调。随着消费者对生鲜农产品新鲜度偏好的增加，分散式决策下生鲜农产品零售商将提高保鲜努力水平，并提高销售价格；而集中式决策下生鲜农产品供应链系统也会提高保鲜努力水平并提高生鲜农产品的销售价格。

（3）集中式决策下生鲜农产品供应链的最优保鲜努力水平大于分散式决策下零售商的最优保鲜努力水平，且集中式决策下的生鲜农产品销售价格小于分散式决策下的生鲜农产品销售价格，消费者对于购买生鲜农产品的效用会逐步得到提高。

（4）生鲜农产品供应链的总利润与消费者对产品新鲜度的敏感程度呈正相关，与消费者对产品销售价格的敏感程度呈负相关。

第6章 多零售商联合采购的生鲜农产品供应链契约协调研究

6.1 问题的提出

我国的生鲜农产品供应链大多都是由多个经济独立的利益实体组成的，各实体均有自己的经营目标、信息渠道和决策权，并以自身利益最大化为目标。然而，这种利己主义的局部利益最大化往往不仅无法达到供应链收益最大化，而且还会导致供应链整体绩效的大幅下降。通过对生鲜农产品供应链相关企业的调研，发现"一对多"的生鲜农产品供应链在日常生活中也较为常见。而对于不同的供应链结构，其合作模式有很大的不同，供应链各节点企业常常面临着降低产品损耗、缩短交货期和提高运作效率的压力。因此，从供应链整体考虑协调优化，提高供应链绩效意义更为重大。

在生鲜农产品供应链中，已经有学者将契约机制纳入供应链运营管理与决策，对供应链成员之间的博弈关系展开了研究，并取得了一些成果。然而，目前的研究大多是针对单供应商和单零售商构成的"一对一"供应链架构展开的，鲜有文献考虑多零售商联合采购的生鲜农产品供应链契约协调的问题。尽管有学者研究了单个供应商和多个零售商的协调问题[146]，但大多针对普通产品而没有考虑生鲜农产品的易腐性。为了增加订货批量、降低采购价格，多个零售商可以进行联合采购，即形成"一对多"供应链联合采购的架构。

鉴于此，本章针对单供应商和多零售商构成的"1-N"型生鲜农产品供应链，分析了零售商独立采购时无契约协调、零售商独立采购时采用契约协调、零售商联合采购时无契约协调、零售商联合采购时采用契约协调这四种情形下，供应链成员的最优决策及其对供应链协调的影响，并且对联合采购下零售商联盟的利润分配问题进行了探讨，以及考虑协调成本时生鲜农产品供应链的最优决策问题，并得出一些有意义的结论。

6.2　问题描述及符号说明

本章考虑由一个供应商和 n 个零售商组成的生鲜农产品供应链契约协调问题。在博弈模型中，零售商的集合为 $N=\{1,2,\cdots,n\}$，N 表示零售商的联盟集合。零售商从供应商处采购生鲜农产品，并将其销售给消费者。供应商决策零售商的采购价格，零售商决策生鲜农产品的订货周期。

根据研究需要，对本书做出如下假设。

（1）供应商是主导者，零售商是跟随者。

（2）未销售出去的生鲜农产品在销售周期结束时的残值为零。

（3）订货周期结束时供应商的库存为零。

（4）产品的需求率是固定的。

（5）产品的提前期为零并且不允许缺货。

相关符号说明：K_s 为供应商的固定订货成本；K_r 为零售商的固定订货成本；D_i 为单周期内零售商 i 的需求率；h_i 为单位产品的库存持有成本；$I(t)$ 为在时刻 t 产品的库存水平；θ 为生鲜农产品的损耗率；p 为单位产品的零售价格；c 为单位产品的成本；Q_i 为零售商 i 的订货量；$x_i(\alpha)$ 为零售商 i 的利润分配额；π_s 为供应商的利润；π_{ri} 为零售商 i 的利润；α 为单位产品零售商的采购价格；T_i 为零售商 i 的订货周期。

基于以上的分析，根据文献[174]，生鲜农产品在 t 时刻的库存水平 $I(t)$ 需要满足：

$$\frac{\mathrm{d}I_i(t)}{\mathrm{d}t} = -\theta I_i(t) - D_i, 0 \leqslant t \leqslant T_i \tag{6-1}$$

由于边界条件 $I_i(T_i)=0$，其中 T_i 为零售商 i 的订货周期，所以式（6-1）的解为

$$I_i(t) = \frac{D_i}{\theta}(\mathrm{e}^{\theta(T_i-t)}-1), 0 \leqslant t \leqslant T_i \tag{6-2}$$

6.3　零售商独立采购下生鲜农产品供应链的协调分析

在零售商独立采购时，我们主要对不采用契约以及采用数量折扣契约两种情况的生鲜农产品供应链协调情况进行分析。

6.3.1　无契约下生鲜农产品供应链的协调分析

当生鲜农产品供应链中的供应商和单个零售商作为独立的个体时，他们都片面地寻求自身利益最大化而忽略其他人的利益。在这种无契约协调的情况下，零售商 i 的订货量与生鲜农产品的初始库存量是相等的。零售商独立采购并且不采用契约进行协调时，用上标 w 和下标 D 来表示，因此，零售商 i 的订货量为

$$Q_i(T_{Di}^w) = \frac{D_i}{\theta}(e^{\theta T_{Di}^w} - 1) \qquad (6\text{-}3)$$

零售商 i 的总成本由三部分组成。

（1）订货成本 K_r。

（2）库存持有成本 $h_i \int_0^{T_{Di}^w} \frac{D_i}{\theta}(e^{\theta(T_{Di}^w - t)} - 1)\mathrm{d}t = h_i D_i \dfrac{e^{\theta T_{Di}^w} - \theta T_{Di}^w - 1}{\theta^2}$。

（3）采购成本 $\alpha_0 D_i \dfrac{e^{\theta T_{Di}^w} - 1}{\theta}$。

因此，零售商 i 单位时间内的利润为

$$\pi_{Dri}^w(\alpha_0, T_{Di}^w) = p_i D_i - \frac{K_r}{T_{Di}^w} - h_i D_i \frac{e^{\theta T_{Di}^w} - \theta T_{Di}^w - 1}{\theta^2} - \alpha_0 D_i \frac{e^{\theta T_{Di}^w} - 1}{\theta T_{Di}^w} \qquad (6\text{-}4)$$

根据文献[188]，为了方便计算，由泰勒级数的展开式可以将 $e^{\theta T}$ 简化为

$$e^{\theta T} = 1 + \theta T + \frac{1}{2}(\theta T)^2 \qquad (6\text{-}5)$$

因此，式（6-4）可以简化为

$$\pi_{Dri}^w(\alpha_0, T_{Di}^w) = (p_i - \alpha_0)D_i - \frac{K_r}{T_{Di}^w} - \frac{T_{Di}^w}{2}(h_i + \alpha_0 \theta)D_i \qquad (6\text{-}6)$$

对于任意给定的 α_0，对式（6-6）零售商 i 的利润函数关于订货周期 T_{Di}^w 求一阶导数，并且令一阶导数为 0，可以得到

$$\frac{\mathrm{d}\pi_{Dri}^w(\alpha_0, T_{Di}^w)}{\mathrm{d}T_{Di}^w} = \frac{K_r}{(T_{Di}^w)^2} - \frac{(h_i + \alpha_0 \theta)D_i}{2} = 0$$

对式（6-6）关于订货周期 T_{Di}^w 求二阶导数，可以得到

$$\frac{\mathrm{d}^2\pi_{Dri}^w(\alpha_0, T_{Di}^w)}{\mathrm{d}(T_{Di}^w)^2} = -\frac{2K_r}{(T_{Di}^w)^3} < 0$$

由此可以看出，零售商 i 的利润函数 $\pi_{Dri}^{w}(\alpha_0, T_{Di}^{w})$ 是 T_{Di}^{w} 的凹函数，因此可以得到最优订货周期

$$T_{Di}^{w*} = \sqrt{\frac{2K_r}{(h_i + \alpha_0\theta)D_i}} \tag{6-7}$$

将最优订货周期 T_{Di}^{w*} 代入式（6-6）中，可以得到无契约下零售商 i 的最优利润为

$$\pi_{Dri}^{w}(\alpha_0, T_{Di}^{w*}) = (p_i - \alpha_0)D_i - \sqrt{2K_r(h_i + \alpha_0\theta)D_i} \tag{6-8}$$

所以，也可以得到供应商的最优利润

$$\pi_{Ds}^{w} = \sum_{i=1}^{n}\left(\alpha_0 D_i - cD_i - \frac{K_s}{T_{Di}^{w*}}\right) \tag{6-9}$$

在零售商独立采购的情况下，较高的采购价格往往会降低生鲜农产品供应链的利润，那么我们可以通过数量折扣契约来对供应链进行协调分析。

6.3.2　数量折扣契约下生鲜农产品供应链的协调分析

在数量折扣契约下，供应商试图刺激零售商增加订购量来提高自身的利润，为了促使零售商改变原有的订货规模，供应商承诺如果零售商的订货量增加，那么他将会以较低的价格 α_{Di}^{cw} 将生鲜农产品供应给零售商。零售商独立采购下采用数量折扣契约进行协调时，用上标 cw 和下标 D 来表示，因此，数量折扣契约下生鲜农产品供应链的协调优化问题可以表示为

$$\max\ \ \pi_{Ds}^{cw}(\alpha_{Di}^{cw}, T_{Di}^{cw}) = \sum_{i=1}^{n}(\alpha_{Di}^{cw} - c)D_i - \frac{K_s}{T_{Di}^{cw}} \tag{6-10}$$

$$\text{s.t.}\ \ \pi_{Dri}^{cw}(\alpha_{Di}^{cw}, T_{Di}^{cw}) = (p_i - \alpha_{Di}^{cw})D_i - \frac{K_r}{T_{Di}^{cw}} - \frac{T_{Di}^{cw}}{2}(h_i + \alpha_{Di}^{cw}\theta)D_i \geqslant \pi_{Dri}^{w}(\alpha_0, T_{Di}^{w*})$$

$$\tag{6-11}$$

式（6-11）表示当零售商的利润不低于无契约下零售商的利润时，他才会接受这个数量折扣契约。求解这个约束条件，可以得到零售商的采购价格为

$$\alpha_{Di}^{cw*} = \left(\alpha_0 + \sqrt{\frac{2K_r(h_i + \alpha_0\theta)}{D_i}} - \frac{K_r}{D_i T_{Di}^{cw}} - \frac{T_{Di}^{cw}}{2}h_i\right)\bigg/\left(1 + \frac{T_{Di}^{cw}}{2}\theta\right) \tag{6-12}$$

将式（6-12）代入式（6-11），可以得到供应商的最优利润

$$\pi_{Ds}^{cw*}(T_{Di}^{cw}) = \sum_{i=1}^{n} \frac{\alpha_0 D_i + \sqrt{2K_r D_i(h_i + \alpha_0\theta)} - \dfrac{K_r}{T_{Di}^{cw}} - \dfrac{D_i T_{Di}^{cw}}{2}h_i}{1 + \dfrac{T_{Di}^{cw}}{2}\theta} - \frac{K_s}{T_{Di}^{cw}} - \sum_{i=1}^{n} cD_i$$

$$(6\text{-}13)$$

对零售商的利润，即式（6-13）关于订货周期 T_{Di}^{cw} 求导，可得

$$\frac{\mathrm{d}\pi_{Ds}^{cw*}(T_{Di}^{cw})}{\mathrm{d}T_{Di}^{cw}} = \frac{-A(T_{Di}^{cw})^2 + (K_s + nK_r) + (K_s + nK_r)\theta T_{Di}^{cw}}{\left(1 + \dfrac{T_{Di}^{cw}}{2}\theta\right)^2 (T_{Di}^{cw})^2} \qquad (6\text{-}14)$$

其中

$$A = \sum_{i=1}^{n} \frac{D_i h_i}{2} + \frac{\theta}{2}\sum_{i=1}^{n}\left(\alpha_0 D_i + \sqrt{2K_r D_i(h_i + \alpha_0\theta)}\right) - \frac{K_s\theta^2}{4}$$

求解 $\dfrac{\mathrm{d}\pi_{Ds}^{cw*}(T_{Di}^{cw})}{\mathrm{d}T_{Di}^{cw}} = 0$ 可以得到零售商 i 的订货周期为

$$T_{Di}^{cw*} = \frac{(K_s + nK_r)\theta + \sqrt{(K_s + nK_r)^2\theta^2 + 4A(K_s + nK_r)}}{2A}$$

基于以上的分析，可得

$$\frac{\mathrm{d}\pi_{Ds}^{cw*}(T_{Di}^{cw})}{\mathrm{d}T_{Di}^{cw}} \begin{cases} > 0, & 0 < T_{Di}^{cw} < T_{Di}^{cw*} \\ = 0, & T_{Di}^{cw} = T_{Di}^{cw*} \\ < 0, & T_{Di}^{cw} > T_{Di}^{cw*} \end{cases} \qquad (6\text{-}15)$$

从式（6-15）可以看出，$\pi_{Ds}^{cw*}(T_{Di}^{cw})$ 是一个单峰函数，在 $T_{Di}^{cw} = T_{Di}^{cw*}$ 处存在极大值点，所以 T_{Di}^{cw*} 是零售商 i 的最优订货周期。

命题 6.1 在独立采购的情况下，当零售商的采购价格 α_{Di}^{cw} 满足

$$\alpha_{Di}^{cw} = \begin{cases} \alpha_{Di}^{cw*}, & T_{Di}^{cw} = T_{Di}^{cw*} \\ \alpha_0, & 其他 \end{cases}$$

时，其中

$$\alpha_{\min}^{cw*} \leqslant \alpha_{Di}^{cw*} \leqslant \alpha_{\max}^{cw*}$$

$$\alpha_{\max}^{cw*} = \min_{i\in N}\alpha_{Di}^{cw*}$$

$$\alpha_{\min}^{cw*} = \sum_{i=1}^{n} \left(\alpha_0 D_i - K_s \sqrt{\frac{(h_i + \alpha_0 \theta) D_i}{2K_r}} + \frac{K_s}{T_{Di}^{cw*}} \right) \bigg/ \sum_{i=1}^{n} D_i$$

数量折扣契约 $(\alpha_{Di}^{cw*}, T_{Di}^{cw*})$ 可以使生鲜农产品供应链达到协调，即供应商和零售商获得的利润不低于无契约时的情况。

证明：对于任何给定的 T_{Di}^{cw}，对零售商 i 的利润函数 $\pi_{Dri}^{cw}(\alpha_{Di}^{cw}, T_{Di}^{cw})$ 关于采购价格 α_{Di}^{cw} 求导，可得

$$\frac{\partial \pi_{Dri}^{cw}(\alpha_{Di}^{cw}, T_{Di}^{cw})}{\partial \alpha_{Di}^{cw}} = -D_i - \frac{T_{Di}^{cw}}{2} \theta D_i < 0$$

因此，$\pi_{Dri}^{cw}(\alpha_{Di}^{cw}, T_{Di}^{cw})$ 是关于 α_{Di}^{cw} 的减函数。当 $\pi_{Dri}^{cw}(\alpha_{Di}^{cw*}, T_{Di}^{cw*}) \geqslant \pi_{Dri}^{cw}(\alpha_{\max}^{cw*}, T_{Di}^{cw*})$ 时，可以得到 $\alpha_{Di}^{cw*} \leqslant \alpha_{\max}^{cw*} = \min_{i \in N} \alpha_{Di}^{cw*}$。从约束条件式（6-10）知道零售商 i 可以获得比无契约协调下更多的利润。

当

$$\pi_{Ds}^{cw}(\alpha_{Di}^{cw*}, T_{Di}^{cw*}) \geqslant \sum_{i=1}^{n} \left(\alpha_0 D_i - c D_i - \frac{K_s}{T_{Di}^{w*}} \right)$$

即供应商可以获得比无契约协调下更多的利润时，经过求解，可以得到

$$\alpha_{Di}^{cw*} \geqslant \alpha_{\min}^{cw*} = \sum_{i=1}^{n} \left(\alpha_0 D_i - K_s \sqrt{\frac{(h_i + \alpha_0 \theta) D_i}{2K_r}} + \frac{K_s}{T_{Di}^{cw*}} \right) \bigg/ \sum_{i=1}^{n} D_i$$

因此，命题 6.1 成立。

命题 6.1 表明当零售商 i 的采购价格在区间 $[\alpha_{\min}^{cw*}, \alpha_{\max}^{cw*}]$ 时，供应商和零售商所获得的利润都不低于无契约的情况。因此，零售商和供应商都可以从数量折扣契约中获益。尽管如此，根据文献[189]，分散式决策似乎不能使供应链上的各方都达到一个最优的结果，因此，当零售商进行合作时，即联合采购的情况下，生鲜农产品供应链的总利润以及各方的利润能否达到一个更好的水平是值得我们进行深入研究的。

6.4　零售商联合采购下生鲜农产品供应链的协调分析

当多个零售商联合采购时，订购量的增加使得供应商给予其更低的采购价格，进而获得更多的收益。从供应商的角度来说，零售商订购量的增加也可以使自身

增加收益。在本节中，N 为总的零售商数量，S 为联合采购时零售商形成联盟的数量，j 为零售商中没有加入采购联盟的数量，$j = N - S$。

6.4.1　无契约下生鲜农产品供应链的协调分析

零售商联合采购不采用契约进行协调时，用上标 w 和下标 C 表示，零售商的订购量 T_C^w 不是由单个零售商决定的，而是由零售商联盟 S 决定的。因此，零售商联盟 S 单位时间内的利润函数为

$$\pi_{Cr}^w(\alpha_0, T_C^w) = \sum_{i=1}^s p_i D_i - \frac{K_r}{T_C^w} - \sum_{i=1}^s h_i D_i \frac{e^{\theta T_C^w} - \theta T_C^w - 1}{\theta^2 T_C^w} - \sum_{i=1}^s \alpha_0 D_i \frac{e^{\theta T_C^w} - 1}{\theta T_C^w}$$

（6-16）

采用式（6-5）的概念，式（6-16）可以简化为

$$\pi_{Cr}^w(\alpha_0, T_C^w) = \sum_{i=1}^s (p_i - \alpha_0) D_i - \frac{K_r}{T_C^w} - \sum_{i=1}^s \frac{T_C^w}{2}(h_i + \alpha_0\theta) D_i \qquad （6-17）$$

对于任意给定的 α_0，对零售商联盟 S 的利润函数关于 T_C^w 求一阶导数，令其等于 0，可得

$$\frac{d\pi_{Cr}^w(\alpha_0, T_C^w)}{dT_C^w} = \frac{K_r}{(T_C^w)^2} - \frac{1}{2}\sum_{i=1}^s (h_i + \alpha_0\theta) D_i = 0$$

对零售商联盟 S 的利润函数关于 T_C^w 求二阶导数，可得

$$\frac{d^2\pi_{Cr}^w(\alpha_0, T_C^w)}{d(T_C^w)^2} = -\frac{2K_r}{(T_C^w)^3} < 0$$

因此，生鲜农产品零售商联盟 S 的利润函数是订货周期 T_C^w 的凹函数。所以，零售商的最优订货周期为

$$T_C^{w*} = \sqrt{\frac{2K_r}{\sqrt{\sum_{i=1}^s (h_i + \alpha_0\theta) D_i}}}$$

将 T_C^{w*} 代入式（6-17）中，可以得到零售商联盟 S 的最优利润为

$$\pi_{Cr}^w(\alpha_0, T_C^{w*}) = \sum_{i=1}^s (p_i - \alpha_0) D_i - \sqrt{2K_r \sum_{i=1}^s (h_i + \alpha_0\theta) D_i} \qquad （6-18）$$

此时，一个新的问题出现了：当式（6-18）满足什么样的条件时，零售商会

加入并且不离开这个采购联盟 S 呢？为了回答这个问题，我们引入了凸博弈，也就是合作博弈。凸博弈是一种在博弈各方采取平衡策略的博弈，可以通过利润函数 $v(\cdot)$ 来表示。因此，凸博弈和每一个子博弈都是非空的（参见文献[112]）。根据文献[190]，凸博弈其实代表着联合采购。在我们的研究中，零售商联盟 S 中的每个零售商都应该被分到一定比例的利润，并且每个零售商被分到的利润比独立采购时的利润要高。只有这样，零售商才有足够的动力来加入这个联盟。

为了验证 $\left(N, \pi_{Cr}^w(S)\right)$ 是否是多个零售商的凸博弈，设定 R 是零售商形成联盟时的数量，这里 $S \subset R \subseteq N - \{j\}$，得到了下面的引理。

引理 6.1　当 $\left(N, \pi_{Cr}^w(S)\right)$ 是凸博弈时，零售商会采取联合采购策略。

证明：对于任何给定的 $S \subset R \subseteq N - \{j\}$，从式（6-18）中可以得到

$$\pi(S \cup \{j\}) - \pi(S) = (p_j - \alpha_0)D_j - \frac{2K_r(h_j + \alpha_0\theta)D_j}{\sqrt{2K_r \sum_{i \in S\cup\{j\}} (h_i + \alpha_0\theta)D_i} + \sqrt{2K_r \sum_{i=1}^{s} (h_i + \alpha_0\theta)D_i}}$$

$$\leqslant (p_j - \alpha_0)D_j - \frac{2K_r(h_j + \alpha_0\theta)D_j}{\sqrt{2K_r \sum_{i \in R\cup\{j\}} (h_i + \alpha_0\theta)D_i} + \sqrt{2K_r \sum_{i=1}^{s} (h_i + \alpha_0\theta)D_i}}$$

$$= \pi(R \cup \{j\}) - \pi(S)$$

因此，$(N, \pi_{Cr}^w(S))$ 是凸博弈，此时零售商将会采取合作博弈策略。引理 6.1 表明采用联合采购策略是有意义的。

为了弄清楚零售商联盟 S 的利润是如何合理分配的，令 x_i 表示零售商 i 被分配的利润。如果 x_i 满足下面的条件，零售商会采取合作策略。

（1）有效性：零售商联盟 S 所获得的总利润会被完全分配，$\sum_{i=1}^{s} x_i = \pi_{Cr}^w(S)$。

（2）稳定性：当 $x_i \geqslant \pi_{Dri}^{cw}$ 时，所有的零售商会有足够的动力留在这个联盟中。

令 $x_i = (p_i - \alpha_0)D_i - (h_i + \alpha_0\theta)D_i T_C^w$，如果零售商形成一个大联盟 S，$\sum_{i=1}^{s} x_i = \pi_{Cr}^w(S)$，那么我们可以得到最优订货周期

$$T_C^{w*} = \sqrt{\frac{2K_r}{\sum_{i=1}^{s} (h_i + \alpha_0\theta)D_i}}$$

生鲜农产品供应商的利润为

$$\pi_{Cs}^{w}(\alpha_0, T_C^{w*}) = \sum_{i=1}^{s} (\alpha_0 - c) D_i - \frac{K_s}{T_C^{w*}}$$

对比联合采购下和独立采购下单个零售商的利润可以得到

$$x_i - \pi_{Dri}^{cw} = \sqrt{2K_r(h_i + \alpha_0\theta)D_i} - (h_i + \alpha_0\theta)\sqrt{\frac{2K_r}{\sqrt{\sum_{i=1}^{n}(h_i + \alpha_0\theta)D_i}}}$$

由于

$$\frac{(h_i + \alpha_0\theta)D_i}{\sum_{i=1}^{n}(h_i + \alpha_0\theta)D_i} < 1$$

所以

$$x_i - \pi_{Dri}^{cw} > 0$$

基于以上的分析可知，零售商联盟的利润可以被合理地分配，那么零售商采取联合采购策略是有着现实意义的。

推论 6.1 联合采购优于独立采购，能够提高供应商和零售商的利润。

证明：我们知道

$$\sqrt{\sum_{i=1}^{n}(h_i + \alpha_0\theta)D_i} \leqslant \sum_{i=1}^{n}\sqrt{(h_i + \alpha_0\theta)D_i}$$

因此可以得到

$$T_C^{w*} \geqslant \sum_{i=1}^{n} T_{Di}^{w*}$$

那么

$$\sum_{i=1}^{n}(p_i - \alpha_0)D_i - \sqrt{2K_r\sum_{i=1}^{n}(h_i + \alpha_0\theta)D_i} \geqslant \sum_{i=1}^{n}(p_i - \alpha_0)D_i - \sum_{i=1}^{n}\sqrt{2K_r(h_i + \alpha_0\theta)D_i}$$

即

$$\pi_{Cr}^{w}(\alpha_0, T_C^{w*}) \geqslant \sum_{i=1}^{n}\pi_{Dri}^{w}(\alpha_0, T_{Di}^{w*})$$

同理

$$\sum_{i=1}^{n}(\alpha_0 - c)D_i - \frac{K_s}{T_C^{w*}} > \sum_{i=1}^{n}(\alpha_0 - c)D_i - \frac{K_s}{\sum_{i=1}^{n}T_{Di}^{w*}}$$

即

$$\pi_{Cs}^{w}(\alpha_0, T_C^{w*}) \geqslant \pi_{Ds}^{w}(\alpha_0, T_D^{w*})$$

因此，通过与独立采购进行对比，联合采购可以提高供应商和零售商的利润，这更能促进零售商形成采购联盟。

6.4.2　数量折扣契约下生鲜农产品供应链的协调分析

当零售商联合采购能够增加供应商的利润时，供应商更愿意通过签订数量折扣契约来增加订购量，进一步提高自身的收益，采用数量折扣契约之后，零售商将以较低的采购价格从供应商处获得生鲜农产品，从而促使双方合作。零售商联合采购下采用数量折扣契约进行协调时，用上标 cw 和下标 C 表示，因此，数量折扣契约下生鲜农产品供应链的协调优化问题可以表示为

$$\max\ \pi_{Cs}^{cw}(\alpha_C^{cw}, T_C^{cw}) = \sum_{i=1}^{n}(\alpha_C^{cw} - c)D_i - \frac{K_s}{T_C^{cw}} \tag{6-19}$$

$$\text{s.t.}\ \pi_{Cr}^{cw}(\alpha_C^{cw}, T_C^{cw}) \geqslant \pi_{Cr}^{w}(\alpha_0, T_C^{w*}) \tag{6-20}$$

求解约束条件，可以得到零售商的采购价格

$$\alpha_C^{cw*} = \left(\sum_{i=1}^{n}\alpha_0 D_i + \frac{K_r}{T_C^{w*}} + \sum_{i=1}^{n}\frac{T_C^{w*}}{2}(h_i + \alpha_0\theta)D_i - \frac{K_r}{T_C^{cw}} - \sum_{i=1}^{n}\frac{h_i D_i T_C^{cw}}{2} \right) \Big/ \left(1 + \frac{\theta T_C^{cw}}{2}\right)\sum_{i=1}^{n}D_i \tag{6-21}$$

将采购价格 α_C^{cw} 代入 $\pi_{Cs}^{cw}(\alpha_C^{cw}, T_C^{cw})$，供应商的最优利润为

$$\pi_{Cs}^{cw*}(T_C^{cw}) = \frac{\sum_{i=1}^{n}\alpha_0 D_i + \frac{K_r}{T_C^{w*}} + \sum_{i=1}^{n}\frac{T_C^{w*}}{2}(h_i + \alpha_0\theta)D_i - \frac{K_r}{T_C^{cw}} - \sum_{i=1}^{n}\frac{h_i D_i T_C^{cw}}{2}}{1 + \frac{\theta T_C^{cw}}{2}} - \frac{K_s}{T_C^{cw}} - \sum_{i=1}^{n}cD_i \tag{6-22}$$

对供应商的利润函数式（6-22）关于订货周期 T_C^{cw} 求导，可得

$$\frac{\mathrm{d}\pi_{Cs}^{cw*}(T_C^{cw})}{\mathrm{d}T_C^{cw}} = \frac{-B(T_C^{cw})^2 + (K_s + K_r)\theta T_C^{cw} + K_s + K_r}{\left(1 + \frac{\theta T_C^{cw}}{2}\right)^2 (T_C^{cw})^2} \tag{6-23}$$

其中

$$B = \sum_{i=1}^{n}\frac{D_i h_i}{2} + \frac{\theta}{2}\left(\sum_{i=1}^{n}\alpha_0 D_i + \frac{K_r}{T_C^{cw*}} + \sum_{i=1}^{n}\frac{T_C^{cw*}}{2}(h_i + \alpha_0\theta)D_i\right) - \frac{K_s\theta^2}{4}$$

求解 $\dfrac{\mathrm{d}\pi_{Cs}^{cw*}(T_C^{cw})}{\mathrm{d}T_C^{cw}} = 0$，可以得到零售商的订货周期

$$T_C^{cw*} = \frac{(K_s + K_r)\theta + \sqrt{(K_s + K_r)^2\theta^2 + 4B(K_s + K_r)}}{2B}$$

由于

$$\frac{\mathrm{d}\pi_{Cs}^{cw*}(T_C^{cw})}{\mathrm{d}T_C^{cw}} \begin{cases} > 0, & 0 < T_C^{cw} < T_C^{cw*} \\ = 0, & T_C^{cw} = T_C^{cw*} \\ < 0, & T_C^{cw} > T_C^{cw*} \end{cases} \tag{6-24}$$

$\pi_{Cs}^{cw*}(T_C^{cw})$ 是单峰函数，在 $T_C^{cw} = T_C^{cw*}$ 处存在极大值，所以，$T_C^{cw*} = \dfrac{(K_s + K_r)\theta + \sqrt{(K_s + K_r)^2\theta^2 + 4B(K_s + K_r)}}{2B}$ 为零售商的最优订货周期。

命题 6.2 在多零售商联合采购的情况下，当采购价格满足：

$$\alpha_C^{cw} = \begin{cases} \alpha_C^{cw*}, & T_C^{cw} \geqslant T_C^{cw*} \\ \alpha_0, & T_C^{cw} < T_C^{cw*} \end{cases}$$

时，其中

$$\alpha_{\min}^{cw*} \leqslant \alpha_C^{cw*} \leqslant \alpha_{\max}^{cw*}$$

$$\alpha_{\min}^{cw*} = \left(\sum_{i=1}^{n}\alpha_0 D_i - \frac{K_s}{T_C^{w*}} + \frac{K_s}{T_C^{cw*}}\right)\bigg/\sum_{i=1}^{n}D_i$$

$$\alpha_{\max}^{cw*} = \left(\sum_{i=1}^{n}\alpha_0 D_i + \frac{K_r}{T_C^{w*}} + \sum_{i=1}^{n}\frac{T_C^{w*}}{2}(h_i + \alpha_0\theta)D_i - \frac{K_r}{T_C^{cw*}} - \sum_{i=1}^{n}\frac{h_i D_i T_C^{cw*}}{2}\right)\bigg/\sum_{i=1}^{n}D_i\left(1 + \frac{\theta T_C^{cw*}}{2}\right)$$

生鲜农产品供应链的供应商和零售商可以通过数量折扣契约 $(\alpha_C^{cw*}, T_C^{cw*})$ 达到协调，单个零售商的最优利润分配 $x_i(\alpha_C^{cw*}, T_C^{cw*})$ 也可以实现。

证明：在这种情况下，零售商联盟的利润函数为

$$\pi_{Cr}^{cw}(\alpha_C^{cw}, T_C^{cw}) = \sum_{i=1}^{n}(p_i - \alpha_C^{cw})D_i - \sqrt{2K_r \sum_{i=1}^{n}(h_i + \alpha_C^{cw}\theta)D_i}$$

对于任何给定的订货周期 T_C^{cw}，对利润函数 $\pi_{Cr}^{cw}(\alpha_C^{cw}, T_C^{cw})$ 关于采购价格求一阶导数，可以得到

$$\frac{\mathrm{d}\pi_{Cr}^{cw}(\alpha_C^{cw}, T_C^{cw})}{\mathrm{d}\alpha_C^{cw}} = -\sum_{i=1}^{n}D_i - \frac{\sum_{i=1}^{n}\theta D_i}{2\sqrt{2K_r \sum_{i=1}^{n}(h_i + \alpha_C^{cw}\theta)D_i}} < 0$$

因此，$\pi_{Cr}^{cw}(\alpha_C^{cw}, T_C^{cw})$ 是关于 α_C^{cw} 的减函数。当 $\pi_{Cr}^{cw}(\alpha_C^{cw*}, T_C^{cw*}) \geqslant \pi_{Cr}^{cw}(\alpha_{\max}^{cw*}, T_C^{cw*})$ 时，可得 $\alpha_C^{cw*} \leqslant \alpha_{\max}^{cw*} = \min_{i \in N}\alpha_C^{cw*}$。从式（6-10）的约束条件，可知零售商 i 可以获得比无契约时更高的利润。

当 $\pi_{Cs}^{cw}(\alpha_C^{cw*}, T_C^{cw*}) \geqslant \sum_{i=1}^{n}(\alpha_0 - c)D_i - \frac{K_s}{T_C^{w*}}$ 时，也就是说供应商可以得到比无契约时更多的利润，可以得到

$$\alpha_C^{cw*} \geqslant \alpha_{\min}^{cw*} = \left(\sum_{i=1}^{n}\alpha_0 D_i + \frac{K_r}{T_C^{w*}} + \sum_{i=1}^{n}\frac{T_C^{w*}}{2}(h_i + \alpha_0\theta)D_i - \frac{K_r}{T_C^{cw*}} - \sum_{i=1}^{n}\frac{h_i D_i T_C^{cw*}}{2}\right) \bigg/ \sum_{i=1}^{n}D_i\left(1 + \frac{\theta T_C^{cw*}}{2}\right)$$

对于任意可行的数量折扣契约 $(\alpha_C^{cw*}, T_C^{cw*})$，在联合采购下，合理地给联盟中的零售商分配一定比例的利润显得尤为重要。只有这样，零售商才不会离开采购联盟。通常情况下，最优的订货周期 T_C^{cw*} 为 $T_C^{w*}(\alpha_C^{cw*})$，当且仅当 $\alpha_C^{cw*} \in [\alpha_{\min}^{cw*}, \alpha_{\max}^{cw*}]$ 时，可以得出

$$T_C^{cw*}(\alpha_C^{cw*}) = \sqrt{\frac{2K_r}{\sum_{i=1}^{n}(h_i + \alpha_C^{cw*}\theta)D_i}}$$

因此，零售商的最优订货周期为

$$T_C^{cw*}(\alpha_C^{cw*}) = \sqrt{\frac{2K_r}{\sum_{i=1}^{n}(h_i + \alpha_C^{cw*}\theta)D_i}} \tag{6-25}$$

为了使零售商的利润分配 $x_i(\alpha_C^{cw*}, T_C^{cw*})$ 满足有效性，令

$$\sum_{i=1}^{n}x_i(\alpha_C^{cw*}, T_C^{cw*}) = \pi_{Cr}^{cw}(N)$$

其中

$$x_i(\alpha_C^{cw*}, T_C^{cw*}) = (p_i - \alpha_C^{cw*})D_i - (h_i + \alpha_C^{cw*}\theta)D_i T_C^{cw*}$$

那么零售商 i 的最优利润分配为

$$x_i(\alpha_C^{cw}) = (p_i - \alpha_C^{cw})D_i - (h_i + \alpha_C^{cw}\theta)D_i \sqrt{\frac{2K_r}{\sqrt{\sum_{i=1}^{n}(h_i + \alpha_C^{cw}\theta)D_i}}} \qquad （6-26）$$

因此，得出了命题 6.2。

从命题 6.2 中发现约束条件中的采购价格能够促进市场需求信息的共享，数量折扣契约能够保证生鲜农产品供应链的协调，也就是说能够最大化整个供应链的利润。除此之外，数量折扣契约能够确保供应商和零售商的利润，即双方都能获得比独立采购时更多的利润。

推论 6.2　在零售商联合采购下，当 α_C^{cw*} 在区间 $[\alpha_{\min}^{cw*}, \alpha_{\max}^{cw*}]$ 上变动时，供应商和零售商的利润与产品的损耗率呈现负相关的关系，订货周期则随着损耗率的增加逐渐缩短。

证明：当 $\alpha_C^{cw*} \in [\alpha_{\min}^{cw*}, \alpha_{\max}^{cw*}]$ 时，从式（6-19）和式（6-25）可知，供应商的利润为

$$\pi_{Cs}^{cw}(\alpha_C^{cw}, T_C^{cw}) = \sum_{i=1}^{n}(\alpha_C^{cw} - c)D_i - K_s\sqrt{\frac{\sum_{i=1}^{n}(h_i + \alpha_C^{cw}\theta)D_i}{2K_r}} \qquad （6-27）$$

对供应商的利润表达式（6-27）关于损耗率 θ 求导，可得

$$\frac{\mathrm{d}\pi_{Cs}^{cw}(\alpha_C^{cw}, T_C^{cw})}{\mathrm{d}\theta} = -K_s\sum_{i=1}^{n}\alpha_C^{cw}D_i \bigg/ 2\sqrt{\frac{\sum_{i=1}^{n}(h_i + \alpha_C^{cw}\theta)D_i}{2K_r}} < 0$$

因此，供应商的利润随着损耗率的增加而减少。

对零售商的利润表达式（6-26）关于损耗率 θ 求导，可得

$$\frac{\mathrm{d}x_i}{\mathrm{d}\theta} = -\alpha_C^{cw}D_i T_C^{cw*} < 0$$

因此零售商 i 的利润与损耗率呈现一个负相关的关系。

对零售商的订货周期表达式（6-25）关于损耗率 θ 求导，可得

$$\frac{\mathrm{d}T_C^{cw}(\alpha_C^{cw*})}{\mathrm{d}\theta} = -\sqrt{2K_r\sum_{i=1}^{n}\alpha_C^{cw}D_i} < 0$$

因此，零售商的订货周期随着损耗率的增加呈现一个缩短的趋势。

因此，推论 6.2 得证。

从推论 6.2 可以看出，当 $\alpha_C^{cw*} \in [\alpha_{\min}^{cw*}, \alpha_{\max}^{cw*}]$ 时，零售商在采购价格上获得了一定的折扣，供应商和零售商与产品的损耗率都呈负相关的关系，零售商的订货周期也随着损耗率的增加逐渐缩短，这为生鲜农产品供应链的协调优化提供了理论基础。

6.5　考虑协调成本的生鲜农产品供应链契约协调分析

在实际中，当零售商采取联合采购策略时，原有的成本结构会发生变化。根据文献[191]，由于协调过程较为烦琐，会产生时间成本和其他的一些成本。因此，本节将考虑协调成本对生鲜农产品供应链契约协调进行分析。对于 $\forall S \subseteq N$，令 $c(N)$ 表示协调成本，它必须满足以下条件。

（1）$c(\varnothing) = 0$。

（2）对于任意给定的 $S \subseteq N$，$c(S) \leqslant c(N)$，$c(N)$ 随着联盟规模的增加而增加。

进一步，设定零售商联盟的协调成本函数为 $c(N) = kN + b$，其中 N 为联盟中零售商的数量，k 为协调成本对联盟中零售商数量的系数，b 为常数。零售商联合采购下考虑协调成本时，用上标 ew 和下标 C 来表示，因此，考虑协调成本时零售商联盟单位时间内的利润函数为

$$\pi_{Cr}^{ew}(\alpha_0, T_C^{ew}) = \sum_{i=1}^{n}p_iD_i - \frac{K_r + kN + b}{T_C^{ew}} - \sum_{i=1}^{n}h_iD_i\frac{\mathrm{e}^{\theta T_C^{ew}} - \theta T_C^{ew} - 1}{\theta^2 T_C^{ew}} - \sum_{i=1}^{n}\alpha_0 D_i\frac{\mathrm{e}^{\theta T_C^{ew}} - 1}{\theta T_C^{ew}}$$

$$(6\text{-}28)$$

采用式（6-5）的概念，式（6-28）可以简化为

$$\pi_{Cr}^{ew}(\alpha_0, T_C^{ew}) = \sum_{i=1}^{n}(p_i - \alpha_0)D_i - \frac{K_r + kN + b}{T_C^{ew}} - \sum_{i=1}^{n}\frac{T_C^{ew}}{2}(h_i + \alpha_0\theta)D_i$$

$$(6\text{-}29)$$

对于任意给定的 α_0，对零售商联盟的利润函数表达式（6-29）关于订货周期 T_C^{ew} 求一阶导数，并令其等于零，即

$$\frac{\mathrm{d}\pi_{Cr}^{ew}(\alpha_0, T_C^{ew})}{\mathrm{d}T_C^{ew}} = \frac{K_r + kN + b}{(T_C^{ew})^2} - \frac{1}{2}\sum_{i=1}^{n}(h_i + \alpha_0\theta)D_i = 0$$

对式（6-29）关于 T_C^{ew} 求二阶导数，可得

$$\frac{\mathrm{d}^2\pi_{Cr}^{ew}(\alpha_0, T_C^{ew})}{\mathrm{d}(T_C^{ew})^2} = -\frac{2K_r + kN + b}{(T_C^{ew})^3} < 0$$

由此可知，零售商联盟的利润函数是关于订货周期的凹函数，因此，零售商联盟的最优订货周期为

$$T_C^{ew*} = \sqrt{\frac{2(K_r + kN + b)}{\sum_{i=1}^{n}(h_i + \alpha_0\theta)D_i}} \tag{6-30}$$

将式（6-30）代入式（6-29），可得考虑协调成本时零售商联盟的利润为

$$\pi_{Cr}^{ew}(\alpha_0, T_C^{ew*}) = \sum_{i=1}^{n}(p_i - \alpha_0)D_i - \sqrt{2(K_r + kN + b)\sum_{i=1}^{n}(h_i + \alpha_0\theta)D_i} \tag{6-31}$$

那么供应商的利润为

$$\pi_{Cs}^{ew}(\alpha_0, T_C^{ew*}) = \sum_{i=1}^{n}(\alpha_0 - c)D_i - K_s\sqrt{\frac{\sum_{i=1}^{n}(h_i + \alpha_0\theta)D_i}{2(K_r + kN + b)}} \tag{6-32}$$

命题 6.3　在考虑协调成本的情况下，当联盟中的零售商数量满足

$$N \in \left[0, \frac{K_r\sum_{i=1}^{n}(h_i + \alpha_0\theta)D_i}{k(h_i + \alpha_0\theta)D_i} - \frac{K_r + b}{k}\right]$$

时，联合采购下单个零售商的利润都不低于独立采购下零售商的利润。

证明：对于给定的 $\forall i \in N$，令

$$x_i^*(\alpha_0) = (p_i - \alpha_0)D_i - (h_i + \alpha_0\theta)D_iT_C^{ew*} \tag{6-33}$$

将式（6-30）代入式（6-33），可得

$$x_i^*(\alpha_0) = (p_i - \alpha_0)D_i - (h_i + \alpha_0\theta)D_i\sqrt{\frac{2(K_r + kN + b)}{\sum_{i=1}^{n}(h_i + \alpha_0\theta)D_i}} \tag{6-34}$$

令 $x_i^* \geqslant \pi_{Dri}^w$，也就是每个零售商的利润不低于独立采购下采用数量折扣契约时的利润，因此，

$$(p_i - \alpha_0)D_i - (h_i + \alpha_0\theta)D_i\sqrt{\dfrac{2(K_r + kN + b)}{\sum\limits_{i=1}^{n}(h_i + \alpha_0\theta)D_i}} \geqslant (p_i - \alpha_0)D_i - \sqrt{2K_r(h_i + \alpha_0\theta)D_i}$$

可以得到

$$0 \leqslant N \leqslant \dfrac{K_r\sum\limits_{i=1}^{n}(h_i + \alpha_0\theta)D_i}{k(h_i + \alpha_0\theta)D_i} - \dfrac{K_r + b}{k}$$

所以，命题 6.3 得证。

从命题 6.3 可以看出，当零售商联盟的规模在一定的范围内时，采用联合采购是有现实意义的。如果联盟规模过大，那么高额的协调成本将会导致零售商的利润降低。

当供应商和零售商签订数量折扣契约时，生鲜农产品供应链的协调优化问题可以表示为

$$\max \quad \pi_{Cs}^{ew}(\alpha_C^{ew}, T_C^{ew}) = \sum_{i=1}^{n}\left(\alpha_C^{ew} - c\right)D_i - \dfrac{K_s}{T_C^{ew}} \tag{6-35}$$

$$\text{s.t.} \quad \pi_{Cr}^{ew}(\alpha_C^{ew}, T_C^{ew}) \geqslant \pi_{Cr}^{w}(\alpha_0, T_C^{w}) \tag{6-36}$$

求解约束条件，可以得到零售商的采购价格

$$\alpha_C^{ew*} = \left(\sum_{i=1}^{n}\alpha_0 D_i + \dfrac{K_r + kN + b}{T_C^{ew*}} + \sum_{i=1}^{n}\dfrac{T_C^{ew*}}{2}(h_i + \alpha_0\theta)D_i - \dfrac{K_r + kN + b}{T_C^{ew}} - \sum_{i=1}^{n}\dfrac{h_i D_i T_C^{ew}}{2}\right)\bigg/\left(1 + \dfrac{\theta T_C^{ew}}{2}\right)\sum_{i=1}^{n}D_i \tag{6-37}$$

将式（6-37）代入式（6-35），可以得到供应商的最优利润

$$\pi_{Cs}^{ew*}(T_C^{ew}) = \dfrac{\sum\limits_{i=1}^{n}\alpha_0 D_i + \dfrac{K_r + kN + b}{T_C^{ew*}} + \sum\limits_{i=1}^{n}\dfrac{T_C^{ew*}}{2}(h_i + \alpha_0\theta)D_i - \dfrac{K_r + kN + b}{T_C^{ew}} - \sum\limits_{i=1}^{n}\dfrac{h_i D_i T_C^{ew}}{2}}{1 + \dfrac{\theta T_C^{ew}}{2}} - \dfrac{K_s}{T_C^{ew}} - \sum_{i=1}^{n}cD_i \tag{6-38}$$

对供应商的利润函数表达式（6-38）关于订货周期 T_C^{ew} 求导，可得

$$\dfrac{\mathrm{d}\pi_{Cs}^{ew*}(T_C^{ew})}{\mathrm{d}T_C^{ew}} = \dfrac{-C(T_C^{ew})^2 + (K_s + K_r + kN + b)\theta T_C^{ew} + K_s + K_r + kN + b}{\left(1 + \dfrac{\theta T_C^{ew}}{2}\right)^2 (T_C^{ew})^2} \tag{6-39}$$

其中

$$C = \sum_{i=1}^{n} \frac{D_i h_i}{2} + \frac{\theta}{2}\left(\sum_{i=1}^{n} \alpha_0 D_i + \frac{K_r + kN + b}{T_C^{ew*}} + \sum_{i=1}^{n} \frac{T_C^{ew*}}{2}(h_i + \alpha_0 \theta) D_i \right) - \frac{K_s \theta^2}{4}$$

因此，可以得到

$$\frac{\mathrm{d}\pi_{Cs}^{ew*}(T_C^{ew})}{\mathrm{d}T_C^{ew}} \begin{cases} > 0, & 0 < T_C^{ew} < T_C^{ew*} \\ = 0, & T_C^{ew} = T_C^{ew*} \\ < 0, & T_C^{ew} > T_C^{ew*} \end{cases} \qquad （6\text{-}40）$$

从式（6-40）可以看出，供应商的利润函数 $\pi_{Cs}^{ew*}(T_C^{ew})$ 是单峰函数，在 $T_C^{ew} = T_C^{ew*}$ 处存在极大值。

求解 $\dfrac{\mathrm{d}\pi_{Cs}^{ew*}(T_C^{ew})}{\mathrm{d}T_C^{ew}} = 0$，可以得到零售商的最优订货周期为

$$T_C^{ew*} = \frac{(K_s + K_r + kN + b)\theta + \sqrt{(K_s + K_r + kN + b)^2 \theta^2 + 4C(K_s + K_r + kN + b)}}{2C}$$

在考虑协调成本后，零售商的最优订货周期是生鲜农产品供应链运作计划中的关键因素。此外，采用数量折扣契约进行协调时，鼓励零售商形成一个大联盟并接受联合采购策略是非常具有现实意义的。

命题 6.4 在考虑协调成本的联合采购策略下，当零售商的采购价格 α_C^{ew} 满足

$$\alpha_C^{ew} = \begin{cases} \alpha_C^{ew*}, & T_C^{ew} \geqslant T_C^{ew*} \\ \alpha_0, & T_C^{ew} < T_C^{ew*} \end{cases}$$

时，其中

$$\alpha_{\min}^{ew*} \leqslant \alpha_C^{ew*} \leqslant \alpha_{\max}^{ew*}$$

$$\alpha_{\min}^{ew*} = \left(\sum_{i=1}^{n} \alpha_0 D_i - \frac{K_s}{T_C^{ew*}} + \frac{K_s}{T_C^{ew*}} \right) \Bigg/ \sum_{i=1}^{n} D_i$$

$$\alpha_{\max}^{ew*} = \left(\sum_{i=1}^{n} \alpha_0 D_i + \frac{K_r + kN + b}{T_C^{ew*}} + \sum_{i=1}^{n} \frac{T_C^{ew*}}{2}(h_i + \alpha_0 \theta) D_i - \frac{K_r + kN + b}{T_C^{ew*}} - \sum_{i=1}^{n} \frac{h_i D_i T_C^{ew*}}{2} \right) \Bigg/ \sum_{i=1}^{n} D_i \left(1 + \frac{\theta T_C^{ew*}}{2} \right)$$

生鲜农产品供应链能够通过数量折扣契约 $(\alpha_C^{ew*}, T_C^{ew*})$ 达成协调，并且零售商的利润分配 $x_i(\alpha_C^{ew*}, T_C^{ew*})$ 也能促使供应链上各企业实现共赢。

证明：当考虑协调成本时，生鲜农产品零售商联盟的利润函数为

$$\pi_{Cr}^{ew}(\alpha_C^{ew*}, T_C^{ew*}) = \sum_{i=1}^{n} (p_i - \alpha_C^{ew}) D_i - \sqrt{2(K_r + kN + b)\sum_{i=1}^{n}(h_i + \alpha_C^{ew}\theta) D_i}$$

对于任何给定的 T_C^{ew}，对零售商联盟利润 $\pi_{Cr}^{ew}(\alpha_C^{ew}, T_C^{ew})$ 关于采购价格 α_C^{ew} 求导，可得

$$\frac{\mathrm{d}\pi_{Cr}^{ew}(\alpha_C^{ew}, T_C^{ew})}{\mathrm{d}\alpha_C^{ew}} = -\sum_{i=1}^{n} D_i - \sum_{i=1}^{n} (\theta D_i) \bigg/ 2\sqrt{2(K_r + kN + b)\sum_{i=1}^{n}(h_i + \alpha_C^{ew}\theta)D_i} < 0$$

因此，利润函数 $\pi_{Cr}^{ew}(\alpha_C^{ew}, T_C^{ew})$ 是采购价格 α_C^{ew} 的减函数。

当 $\pi_{Cr}^{ew}(\alpha_C^{ew*}, T_C^{ew*}) \geqslant \pi_{Cr}^{ew}(\alpha_{\max}^{ew}, T_C^{ew*})$ 时，可得

$$\alpha_C^{ew*} \leqslant \alpha_{\max}^{ew*} \quad \alpha_C^{ew*} \leqslant \alpha_{max}^{ew*}$$

从约束条件的表达式（6-10）可以看出，零售商 i 可以获得比无契约时更多的利润。

当 $\pi_{Cs}^{ew}(\alpha_C^{ew*}, T_C^{ew*}) \geqslant \sum_{i=1}^{n}(\alpha_0 - c)D_i - \dfrac{K_s}{T_C^{ew*}}$ 时，供应商可以获得比无契约时更多的利润，因此，我们得到

$$\alpha_C^{ew*} \geqslant \alpha_{\min}^{ew*} = \left(\sum_{i=1}^{n}\alpha_0 D_i + \frac{K_s}{T_C^{ew*}} - \frac{K_s}{T_C^{w*}}\right) \bigg/ \sum_{i=1}^{n} D_i$$

为了使零售商的利润分配额 $x_i(\alpha_C^{ew*}, T_C^{ew*})$ 满足有效性，令 $\sum_{i=1}^{n} x_i(\alpha_C^{ew*}, T_C^{ew*}) = \pi_{Cr}^{ew}(S)$。从式（6-30）可知，零售商的订货周期

$$T_C^{ew*} = \sqrt{\frac{2(K_r + kN + b)}{\sum\limits_{i=1}^{n}(h_i + \alpha_C^{ew}\theta)D_i}}$$

那么可以得到零售商的最优利润分配额为

$$x_i^*(\alpha_C^{ew}) = (p_i - \alpha_C^{ew})D_i - (h_i + \alpha_C^{ew}\theta)D_i\sqrt{\frac{2(K_r + kN + b)}{\sum\limits_{i=1}^{n}(h_i + \alpha_C^{ew}\theta)D_i}}$$

因此，命题 6.4 得证。

命题 6.4 揭示了一些管理学含义，采用联合采购策略对零售商采购价格产生一定折扣的重要性。当多个生鲜农产品零售商进行联合采购并且形成一个联盟时，命题 6.4 通过合作的理念提供了一个简单的规则，即如何决定零售商的最优采购价格和订货周期。当生鲜农产品零售商的订货周期比最优订货周期长时，最优采购价格的取值范围是一个很关键的因素，生鲜农产品供应商可以决策这个采购价

格使其保持在 $[\alpha_{\min}^{ew*}, \alpha_{\max}^{ew*}]$ 范围内，进而最大化自身的利润并确保零售商的利润。因此，本章所得结论对生鲜农产品供应链在联合采购策略下通过数量折扣契约实现协调具有深远的意义。

综上所述，从理论模型中可以得到一些启示。在现实中，鼓励多个生鲜农产品零售商形成一个联盟并采用联合采购策略是必要的，这不仅可以降低采购成本，还可以减少订货频率，从而降低产品在运输途中的损耗率，提高整个生鲜农产品的运作效率。此外，当协调成本过高时，生鲜农产品供应链的利润会因此而减少，生鲜农产品零售商可以考虑把联合采购委托给第三方物流企业来降低自身的运营成本。

6.6　算例分析

针对多零售商联合采购的问题，我们给出了一些算例分析来验证前面的结论，进一步探讨独立采购和联合采购策略下相关参数对利润的影响。假设生鲜农产品供应链是由一个供应商和四个零售商组成的供应链系统，产品损耗率 $\theta = 0.2$，供应商的单次订货成本 $K_s = 100$，零售商的单次订货成本 $K_r = 60$，零售商单位成本的采购价格 $c = 1.5$，零售商 i 的相关参数如表 6.1 所示。

表 6.1　零售商 i 的相关参数

零售商 i	1	2	3	4
D_i	100	150	120	125
h_i	0.8	0.5	0.7	0.9
α_0	2.8	2.8	2.8	2.8
p_i	5.0	4.8	4.5	5.2

将表 6.1 中的各参数代入相关表达式中，分析采用数量折扣契约时独立采购下和联合采购下生鲜农产品供应链的协调，以及产品损耗率对供应商和零售商利润的影响。

表 6.2 的结果验证了命题 6.1，展示了独立采购下供应商和零售商 i 的利润。表 6.2 表明当零售商的采购价格 $\alpha_{\max}^{cw*} = 2.7620$ 时，供应商的利润比较大；当零售商的采购价格 $\alpha_{\min}^{cw*} = 2.0675$ 时，零售商的利润比较大。当 $\alpha_{Di}^{cw*} = 2.8$ 时，为无契

约情况下的供应链利润；当 $\alpha_{Di}^{cw*} \in [2.2538,\ 2.7587]$ 时，表示供应链采用数量折扣契约的供应链利润，从表中可以看出利润的最小值比无契约时要大。总之，生鲜农产品供应链在采用数量折扣契约后得到了协调优化。

表 6.2　独立采购下供应商和零售商的利润

α_{Di}^{cw*}	利润				
	供应商	零售商 1	零售商 2	零售商 3	零售商 4
2.8	186.36	92.25	161.87	69.30	152.01
2.7620	530.15	95.55	165.49	72.35	152.01
2.7073	503.07	101.60	174.56	79.61	159.57
2.6656	482.43	106.21	181.48	85.14	165.33
2.4148	358.28	133.94	223.08	118.42	200.00
2.2342	268.90	153.91	253.03	142.38	224.96
2.0675	186.37	172.35	260.68	154.51	248.01

独立采购下零售商的订货周期随着产品损耗率的增大在逐渐缩短，相应地订货频率在增加，供应商提供给零售商的采购价格随着产品损耗率的增大在减少。图 6.1 显示，独立采购下供应商和零售商的利润随着产品损耗率的增大在减少。

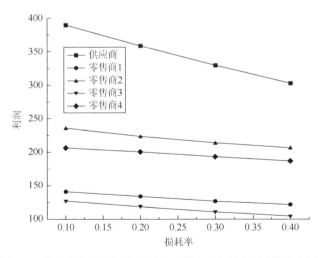

图 6.1　独立采购下不同的损耗率对供应商和零售商利润的影响

表 6.3 验证了命题 6.2，显示了联合采购下供应商和零售商的利润。可以看出当零售商联合采购后，采购价格呈现一个逐渐降低的趋势。与独立采购相比，供

应链各方比无契约的情况能够获得更多的利润。有数量折扣契约的情况下，与独立采购相比，零售商可以获得更多的利润，但是供应商在采购价格区间内的变动幅度减少，供应链趋于稳定。

表 6.3　联合采购下供应商和零售商的利润

α_C^{cw*}	利润				
	供应商	零售商 1	零售商 2	零售商 3	零售商 4
2.8	414.60	163.48	240.17	143.19	229.47
2.7290	472.04	167.98	241.74	146.85	229.48
2.7072	461.27	170.24	245.17	149.57	232.30
2.6854	450.50	172.51	248.60	152.30	235.12
2.6709	443.32	174.02	250.89	154.12	237.00
2.6419	428.97	177.04	255.46	157.75	240.76
2.6129	414.61	180.05	270.04	171.39	254.53

联合采购下零售商的订货周期随着产品损耗率的增大在逐渐缩短，相应地订货频率在增加，供应商提供给零售商的采购价格随着产品损耗率的增大在减少；联合采购下零售商的采购价格高于独立采购，订货周期低于独立采购的情况。图 6.2 显示，联合采购下供应商和零售商的利润随着产品损耗率的增大在减少；与图 6.1 对比可以看出，联合采购下供应商和零售商的利润高于独立采购下的利润。

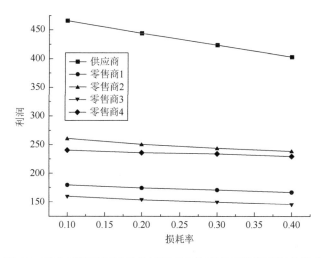

图 6.2　联合采购下不同的损耗率对供应商和零售商利润的影响

以上的数值分析表明生鲜农产品供应链能够通过数量折扣契约达到协调，当零售商的采购价格在契约中的取值范围内时，供应商和零售商的利润比无契约的情况要多。当 $(\alpha_C^{cw}, T_C^{cw})$ 接近 $(\alpha_C^{cw*}, T_C^{cw*})$ 时，无论参数如何变化，生鲜农产品供应链都可以达到协调。除此之外，当相关参数满足数量折扣契约时，供应商和零售商都可以获得更多的利润。

当考虑协调成本时，零售商联盟中的固定订货成本的相关参数如表 6.4 所示。

表 6.4　零售商联盟中固定订货成本的相关参数

N	$K_r + c(N)$	N	$K_r + c(N)$	N	$K_r + c(N)$
{1}	60	{1, 3}	77.62	{1, 2, 3}	93.54
{2}	60	{1, 4}	90.63	{1, 2, 4}	94.80
{3}	60	{2, 3}	68.26	{1, 3, 4}	109.54
{4}	60	{2, 4}	76.47	{2, 3, 4}	99.86
{1, 2}	75.84	{3, 4}	86.44	{1, 2, 3, 4}	112.62

同样地，零售商利润函数的相关参数如表 6.5 所示。

表 6.5　利润函数 (N, π_{Cr}^{cw*}) 的相关参数

N	$\pi_{Cr}^{cw*}(N)$	N	$\pi_{Cr}^{cw*}(N)$	N	$\pi_{Cr}^{cw*}(N)$
{1}	0.819	{1, 3}	1.031	{1, 2, 3}	1.135
{2}	0.795	{1, 4}	1.034	{1, 2, 4}	1.192
{3}	0.840	{2, 3}	1.084	{1, 3, 4}	1.127
{4}	0.971	{2, 4}	1.112	{2, 3, 4}	1.171
{1, 2}	1.015	{3, 4}	1.070	{1, 2, 3, 4}	1.254

将表 6.4 和表 6.5 中的相关参数代入模型分析的相关表达式中，可以得到联合采购下考虑协调成本时的供应商和零售商的利润，如表 6.6 所示。

表 6.6　联合采购下考虑协调成本时的供应商和零售商的利润

α_C^{cw*}	利润				
	供应商	零售商 1	零售商 2	零售商 3	零售商 4
2.8	489.09	155.76	239.53	136.49	209.74
2.8378	565.83	155.76	239.53	136.49	209.74

续表

α_C^{ew*}	利润				
	供应商	零售商 1	零售商 2	零售商 3	零售商 4
2.7794	531.96	164.55	243.01	144.44	223.41
2.7489	506.96	169.61	250.60	150.51	229.73
2.7213	489.09	178.40	263.29	162.66	249.97

表 6.6 表明了联合采购下协调成本对生鲜农产品供应链的影响。通过对比可以看出，此时的利润比独立采购时要多，比联合采购情况下不考虑协调成本时要小。产生这种现象的主要原因是当考虑协调成本时，订货周期在一定程度上增加。除此之外，我们可以看出零售商的最优采购价格发生了变化，通过命题 6.4 可以看出这时采购成本的变化与协调成本、订货周期有关。表 6.6 表明数量折扣契约下的生鲜农产品供应链的利润比无契约时的利润要高，同时也说明了联合采购策略下生鲜农产品供应链采用数量折扣契约的有效性。

6.7　本 章 小 结

在生鲜农产品供应链中，鲜有文献针对多零售商联合采购的生鲜农产品供应链契约协调的研究。本章针对单供应商和多零售商构成的"1-N"型生鲜农产品供应链，基于合作博弈理论，分析了零售商独立采购时无契约协调、零售商独立采购时采用契约协调、零售商联合采购时无契约协调、零售商联合采购时采用契约协调这四种情形下，对供应链成员最优决策及供应链协调的影响，以及考虑协调成本时生鲜农产品供应链的最优决策问题。通过研究得出如下结论。

（1）数量折扣契约可以确保供应商和零售商的收益，当采购价格在特定区间内时，零售商可以获得比无契约时更高的收益。

（2）如果联盟中的总利润被合理分配给零售商，联合采购比独立采购能够得到更多的利润；当零售商被分配的利润高于独立采购时，零售商有足够的动力形成联盟。

（3）产品的损耗率与供应链的利润呈负相关关系，产品损耗率越高，供应商和零售商的利润越低。此外，采用最优订货周期可以降低损耗。

（4）在考虑协调成本时，联盟中零售商的数量不是越多越好，因为联盟规模过大会增大协调成本，从而降低生鲜农产品供应链的利润。当联盟的规模满足特定的区间范围时，供应商和零售商可以获得更多的利润，零售商才有动力加入这个联盟。

参 考 文 献

[1] 李琳, 范体军. 基于 RFID 技术应用的鲜活农产品供应链决策研究[J].系统工程理论与实践, 2014, 34(4): 836-844.

[2] 郑琪, 范体军. 考虑风险偏好的生鲜农产品供应链激励契约设计[J]. 管理工程学报, 2018, 32(2): 171-178.

[3] Lin G C, Kroll D E, Lin C J. Determining a common production cycle time for an economic lot scheduling problem with deteriorating items[J]. European Journal of Operational Research, 2006, 173(2): 669-682.

[4] Ghosh D, Shah J. Supply chain analysis under green sensitive consumer demand and cost sharing contract[J]. International Journal of Production Economics, 2015, 164: 319-329.

[5] 浦徐进, 范旺达, 吴亚. 渠道模式、努力投入与生鲜农产品供应链运作效率研究[J]. 中国管理科学, 2015, 23(12): 105-112.

[6] 杨亚, 范体军, 张磊. 新鲜度信息不对称下生鲜农产品供应链协调[J]. 中国管理科学, 2016, 24(9): 147-155.

[7] 杨磊, 肖小翠, 张智勇. 需求依赖努力水平的生鲜农产品供应链最优定价策略[J].系统管理学报, 2017, 26(1): 142-153.

[8] 李琳, 范体军. 面向零售商主导的生鲜农产品供应链的定价策略研究[J]. 中国管理科学, 2014，22(SI): 458-465.

[9] 但斌, 陈军. 基于价值损耗的生鲜农产品供应链协调[J].中国管理科学, 2008, 16(5): 42-49.

[10] Cai X, Chen J, Xiao Y, et al. Optimization and coordination of fresh product supply chains with freshness-keeping effort[J]. Production and Operations Management, 2010, 19(3): 261-278.

[11] 王磊, 但斌. 考虑消费者效用的生鲜农产品供应链保鲜激励机制研究[J]. 管理工程学报, 2015, 29(1): 200-206.

[12] Dye C Y. Joint pricing and ordering policy for a deteriorating inventory with partial backlogging [J]. Omega, 2007, 35(2): 184-189.

[13] Lodree E J, Uzochukwu B M. Production planning for a deteriorating item with stochastic demand and consumer choice[J]. International Journal of Production Economics, 2008, 116(2): 219-232.

[14] Ferguson M E, Koenigsberg O. How should a firm manage deteriorating inventory?[J]. Production and Operations Management, 2009, 16(3): 306-321.

[15] Cachon G P, Kök A G. Implementation of the newsvendor model with clearance pricing: How to(and how not to)estimate a salvage value[J]. Manufacturing and Service Operations Management, 2007, 9(3): 276-290.

[16] Wang X, Li D. A dynamic product quality evaluation based pricing model for perishable food supply chains[J]. Omega, 2012, 40(6): 906-917.

[17] Nakandala D, Lau H, Zhang J. Cost-optimization modelling for fresh food quality and transportation[J]. Industrial Management and Data Systems, 2016, 116(3): 564-583.

[18] Avinadav T, Chernonog T, Lahav Y, et al. Dynamic pricing and promotion expenditures in an EOQ model of perishable products[J]. Annals of Operations Research, 2017, 248(1-2): 75-91.

[19] Chen C Y, Lee W I, Kuo H M, et al. The study of a forecasting sales model for fresh food[J]. Expert Systems with Applications, 2010, 37(12): 7696-7702.

[20] Halim K A, Giri B C, Chaudhuri K S. Fuzzy economic order quantity model for perishable items with stochastic demand, partial backlogging and fuzzy deterioration rate[J]. International Journal of Operational Research, 2008, 3(1-2): 77-96，20.

[21] Tao F, Fan T, Lai K K. Optimal inventory control policy and supply chain coordination problem with carbon footprint constraints[J]. International Transactions in Operational Research, 2016: 1-23.

[22] Li B, Hou P W, Chen P, et al. Pricing strategy and coordination in a dual channel supply chain with a risk-averse retailer[J]. International Journal of Production Economics, 2016, 178: 154-168.

[23] Bensoussan A, Feng Q, Luo S, et al. Evaluating long-term service performance under short-term forecast updates[J]. International Journal of Production Research, 2016, 54(17): 1-14.

[24] Li Y, Lim A, Rodrigues B. Note-pricing and inventory control for a perishable product[J]. Manufacturing and Service Operations Management, 2009, 11(3): 538-542.

[25] Kanchanasuntorn K, Techanitisawad A. An approximate periodic model for fixed-life perishable products in a two-echelon inventory-distribution system[J]. International Journal of Production Economics, 2006, 100(1): 101-115.

[26] Pasternack B A. Optimal pricing and return policies for perishable commodities[J]. Marketing Science, 2008, 27(1): 131-132.

[27] Dong L, Kouvelis P, Tian Z. Dynamic pricing and inventory control of substitute products[J]. Manufacturing and Service Operations Management, 2009, 11(2): 317-339.

[28] Herbon A, Levner E, Cheng T C E. Perishable inventory management with dynamic pricing using time-temperature indicators linked to automatic detecting devices [J]. International Journal of Production Economics, 2014, 147(1): 605-613.

[29] Chen X, Zhan P, Pan L. Coordinating inventory control and pricing strategies for perishable products[J]. Operations Research, 2014, 62(2): 284-300.

[30] Li S, Zhang J, Tang W. Joint dynamic pricing and inventory control policy for a stochastic inventory system with perishable products[J]. International Journal of Production Research, 2014, 53(10): 2937-2950.

[31] Chew E P, Lee C, Liu R, et al. Optimal dynamic pricing and ordering decisions for perishable products[J]. International Journal of Production Economics, 2014, 157(1): 39-48.

[32] Avinadav T, Herbon A, Spiegel U. Optimal inventory policy for a perishable item with demand function sensitive to price and time[J]. International Journal of Production Economics, 2013, 144(2): 497-506.

[33] Sainathan A. Pricing and Replenishment of competing perishable product variants under dynamic demand substitution[J]. Historical Journal of Film Radio and Television, 2013, 22(5): 1157-1181.

[34] Kaya O, Urek B. A mixed integer nonlinear programming model and heuristic solutions for location, inventory and pricing decisions in a closed loop supply chain[J]. Computers and Operations Research, 2016, 65(C): 93-103.

[35] Maihami R, Karimi B. Effect of two-echelon trade credit on pricing-inventory policy of non-instantaneous deteriorating products with probabilistic demand and deterioration functions[J]. Annals of Operations Research, 2016: 1-37.

[36] Xia Y. Responding to supplier temporary price discounts in a supply chain through ordering and pricing decisions[J]. International Journal of Production Research, 2016, 54(7): 1-13.

[37] Ouyang L Y, Wu K S, Yang C T, et al. Optimal order policy in response to announced price increase for deteriorating items with limited special order quantity[J]. International Journal of Systems Science, 2016, 47(3): 718-729.

[38] Li X, Sun G, Li Y. A multi-period ordering and clearance pricing model considering the competition between new and out-of-season products[J]. Annals of Operations Research, 2016, 242(2): 207-221.

[39] Li L, Zhang H. Confidentiality and information sharing in supply chain coordination[J]. Management Science, 2008, 54(8): 1467-1481.

[40] 毕功兵, 瞿安民, 梁樑. 不公平厌恶下供应链的批发价格契约与协调[J]. 系统工程理论与实践, 2013, 33(1): 134-140.

[41] Kouvelis P, Zhao W. The newsvendor problem and price-only contract when bankruptcy costs exist[J]. Production and Operations Management, 2011, 20(6): 921-936.

[42] 刘云志, 樊治平. 不公平厌恶下 VMI 供应链的批发价格契约与协调[J]. 中国管理科学, 2016, 24(4): 63-73.

[43] 祁玉青, 浦珏, 王炎. 考虑售后服务的两阶段供应链批发价格契约研究[J]. 南京工业大学学报(社会科学版), 2013, 12(4): 73-77.

[44] Hwang W, Bakshi N, Demiguel V. Wholesale price contracts for reliable supply[J]. Production and Operations Management, 2018, 27(1): 161-175.

[45] Zhao Y, Choi T M, Cheng T C E, et al. Mean-risk analysis of wholesale price contracts with stochastic price-dependent demand[J]. Annals of Operations Research, 2014: 1-28.

[46] Niederhoff J A, Kouvelis P. Generous, spiteful, or profit maximizing suppliers in the wholesale price contract: A behavioral study[J]. European Journal of Operational Research, 2016, 253(2): 372-382.

[47] Cachon G P, Lariviere M A. Supply chain coordination with revenue-sharing contracts: Strengths and limitations[J]. Management Science, 2005, 51(1): 30-44.

[48] Pang Q, Chen Y, Hu Y. Coordinating three-level supply chain by revenue-sharing contract with sales effort dependent demand[J]. Discrete Dynamics in Nature and Society, 2014, 2014: 1-10.

[49] 李绩才, 周永务, 肖旦, 等. 考虑损失厌恶一对多型供应链的收益共享契约[J].管理科学学报, 2013, 16(2): 71-81.

[50] Kong G, Rajagopalan S, Zhang H. Revenue sharing and information leakage in a supply chain[J]. Management Science, 2013, 59(3): 556-572.

[51] 陈菊红, 郭福利, 史成东. 需求具有价格敏感性的供应链收益共享契约研究设计[J]. 中国管理科学, 2008, 16(3): 78-83.

[52] Qin Z, Yang J. Analysis of a revenue-sharing contract in supply chain management [J]. International Journal of Logistics: Research and Applications, 2008, 11(1): 17-29.

[53] Chakraborty T, Chauhan S S, Vidyarthi N. Coordination and competition in a common retailer channel: Wholesale price versus revenue-sharing mechanisms[J]. International Journal of Production Economics, 2015, 166: 103-118.

[54] 丁胡送, 徐晓燕. 收益共享协调机制下两阶段供应链提前期压缩的博弈分析[J]. 系统管理学报, 2009, (5): 544-550.

[55] 李忱, 李宏宽. 零售商主导型多对一供应链收益共享契约协同机制研究[J]. 北京信息科技大学学报(自然科学版), 2014, 29(2): 30-35.

[56] Wang J, Zhao R, Tang W. Supply chain coordination by revenue-sharing contract with fuzzy demand[J]. Journal of Intelligent and Fuzzy Systems, 2008, 19(6): 409-420.

[57] Zhang W G, Fu J, Li H, et al. Coordination of supply chain with a revenue-sharing contract under demand disruptions when retailers compete[J]. International Journal of Production Economics, 2012, 138(1): 68-75.

[58] Palsule-Desai O D. Supply chain coordination using revenue-dependent revenue sharing contracts[J]. Omega, 2013, 41(4): 780-796.

[59] Ho T H, Su X, Wu Y. Distributional and peer-induced fairness in supply chain contract design[J]. Production and Operations Management, 2013, 23(2): 161-175.

[60] Shang W, Yang L. Contract negotiation and risk preferences in dual-channel supply chain coordination[J]. International Journal of Production Research, 2015, 53(16): 4837-4856.

[61] Cai J, Hu X, Tadikamalla P R, et al. Flexible contract design for VMI supply chain with service-sensitive demand: Revenue-sharing and supplier subsidy[J]. European Journal of Operational Research, 2017, 261(1): 143-153.

[62] Krishnan H, Winter R A. On the role of revenue-sharing contracts in supply chains[J]. Operations Research Letters, 2011, 39(1): 28-31.

[63] Ding D, Chen J. Coordinating a three level supply chain with flexible return policies[J]. Omega, 2008, 36(5): 865-876.

[64] Xiao T, Yang D, Shen H. Coordinating a supply chain with a quality assurance policy via a revenue-sharing contract[J]. International Journal of Production Research, 2011, 49(1): 99-120.

[65] Li Q, Xiao T, Qiu Y. Price and carbon emission reduction decisions and revenue-sharing contract considering fairness concerns[J]. Journal of Cleaner Production, 2018, 190: 303-314.

[66] Govindan K, Popiuc M N. Reverse supply chain coordination by revenue sharing contract: A case for the personal computers industry[J]. European Journal of Operational Research, 2014, 233(2): 326-336.

[67] Thien N P, Luong H T, Khang D B, et al. Revenue sharing contract with two-way penalties[J]. International Journal of Operational Research, 2015, 23(1): 63-93.

[68] 戢守峰, 张吉善, 刘正丹, 等. 品牌专卖三级供应链收益共享契约协调优化模型[J]. 系统管理学报, 2010, 19(3): 278-283.

[69] 刘宇熹, 谢家平. 再制造下租赁产品服务系统节约共享契约研究[J]. 中国管理科学, 2016, 24(3): 99-108.

[70] Kanda A, Deshmukh S G. Supply chain coordination: Perspectives, empirical studies and research directions[J]. International Journal of Production Economics, 2008, 115(2): 316-335.

[71] Cachon G P, Kök A G. Competing manufacturers in a retail supply chain: On contractual form and coordination[J]. Management Science, 2010, 56(3): 571-589.

[72] 周永务. 随机需求下两层供应链协调的一个批量折扣模型[J]. 系统工程理论与实践, 2006(7): 25-31.

[73] 曾顺秋, 骆建文. 基于数量折扣的供应链交易信用激励机制[J]. 系统管理学报, 2015(1): 1-13.

[74] 王勇, 孙海雷, 陈晓旭. 基于数量折扣的改良品供应链协调策略[J]. 中国管理科学, 2014, 22(4): 51-57.

[75] 赵正佳. 需求不确定且依赖于价格下全球供应链数量折扣及其组合契约[J]. 管理工程学报, 2015, 29(3): 90-99.

[76] Huang Y S, Ho R S, Fang C C. Quantity discount coordination for allocation of purchase orders in supply chains with multiple suppliers[J]. International Journal of Production Research, 2015, 53(22): 1-19.

[77] Nie T, Du S. Dual-fairness supply chain with quantity discount contracts[J]. European Journal of Operational Research, 2017, 258: 491-500.

[78] Ji S N, Kim J S, Sarkar B. Stochastic joint replenishment problem with quantity discounts and minimum order constraints[J]. Operational Research, 2016: 1-28.

[79] Zheng Q, Ieromonachou P, Fan T J, et al. Supply chain contracting coordination for fresh products with fresh-keeping effort [J]. Industrial Management and Data Systems, 2017, 117(3): 538-559.

[80] Krishnan H, Winter R A. Inventory dynamics and supply chain coordination[J]. Management Science, 2010, 56(1): 141-147.

[81] Taylor T A. Supply chain coordination under channel rebates with sales effort effects[J]. Management Science, 2002, 48(8): 992-1007.

[82] Zhao Y, Choi T M, Cheng T C E, et al. Buyback contracts with price-dependent demands: Effects of demand uncertainty[J]. European Journal of Operational Research, 2014, 239(3): 663-673.

[83] Wang F, Choi I C. Optimal decisions in a single-period supply chain with price-sensitive random demand under a buy-back contract[J]. Mathematical Problems in Engineering, 2014, 2014: 1-12.

[84] Wu D. Coordination of competing supply chains with news vendor and buyback contract[J]. International Journal of Production Economics, 2013, 144(1): 1-13.

[85] 黄晶, 杨文胜. 基于 CVaR 和供应商承诺回购的供应链决策模型[J]. 管理学报, 2016(8): 1250-1256.

[86] 鄢仁秀, 汪贤裕, 王新辉. 基于赊销的供应链回购契约协调研究[J]. 管理工程学报, 2017, 31(1): 126-132.

[87] Chen H, Chen J, Chen Y F. A coordination mechanism for a supply chain with demand information updating[J]. International Journal of Production Economics, 2006, 103(1): 347-361.

[88] Oliveira F S, Ruiz C, Conejo A J. Contract design and supply chain coordination in the electricity industry[J]. European Journal of Operational Research, 2013, 227(3): 527-537.

[89] Cachon G P. The allocation of inventory risk in a supply chain: Push, pull, and advance-purchase discount contracts[J]. Management Science, 2004, 50(2): 222-238.

[90] 陈树桢, 熊中楷, 梁喜. 补偿激励下双渠道供应链协调的合同设计[J]. 中国管理科学, 2009, 17(1): 64-75.

[91] Feng Q, Lu L X. Supply chain contracting under competition: Bilateral bargaining vs. stackelberg[J]. Production and Operations Management, 2013, 22(3): 661-675.

[92] Chung W, Talluri S, Narasimhan R. Price markdown scheme in a multi-echelon supply chain in a high-tech industry[J]. European Journal of Operational Research, 2011, 215(3): 581-589.

[93] Sigué S P. Prices, promotions, and channel profitability: Was the conventional wisdom mistaken?[J]. European Journal of Operational Research, 2011, 211(2): 415-425.

[94] Nagarajan M, Sošić G. Game-theoretic analysis of cooperation among supply chain agents: Review and extensions[J]. European Journal of Operational Research, 2008, 187(3): 719-745.

[95] 宋华明, 杨慧, 罗建强, 等. 需求预测更新情形下的供应链 Stackelberg 博弈与协调研究[J]. 中国管理科学, 2010, 18(4): 86-92.

[96] Nakamura T. One-leader and multiple-follower stackelberg games with private information[J]. Economics Letters, 2015, 127: 27-30.

[97] Giri B C, Sharma S. Manufacturer's pricing strategy in a two-level supply chain with competing retailers and advertising cost dependent demand[J]. Economic Modelling, 2014, 38(38): 102-111.

[98] 孟令鹏, 韩传峰, 王剑敏. 生产能力限制下价格 Stackelberg 博弈模型[J]. 中国管理科学, 2012, 20(1): 139-144.

[99] 霍良安, 黄培清, 方星. 基于 Stackelberg 博弈模型的展会人员应急疏散问题[J]. 系统管理学报, 2013, 22(3): 425-430.

[100] Zhao L, Zhang J, Xie J. Impact of demand price elasticity on advantages of cooperative advertising in a two-tier supply chain[J]. International Journal of Production Research, 2015, 54(9): 1-11.

[101] Fang Y, Wang Y Y, Hua Z. Equilibrium contract selection strategy in chain-to-chain competition with demand uncertainty[J]. Journal of the Operational Research Society, 2016, 67(5): 770-785.

[102] Ma L, Liu F, Li S, et al. Channel bargaining with risk-averse retailer[J]. International Journal of Production Economics, 2010, 139(1): 155-167.

[103] Aust G, Buscher U. Vertical cooperative advertising and pricing decisions in a manufacturer-retailer supply chain: A game-theoretic approach[J]. European Journal of Operational Research, 2012, 223(2): 473-482.

[104] 李华, 李恩极, 孙秋柏, 等. 基于讨价还价博弈的经理人激励契约研究[J]. 系统工程理论与实践, 2015, 35(9): 2280-2287.

[105] Arin J, Feltkamp V, Montero M. A bargaining procedure leading to the serial rule in games with

veto players[J]. Annals of Operations Research, 2015, 229(1): 41-66.

[106] 浦徐进, 龚磊, 张兴. 考虑零售商公平偏好的促销努力激励机制设计[J]. 系统工程理论与实践, 2015, 35(9): 2271-2279.

[107] Aydin G, Heese H S. Bargaining for an assortment[J]. Management Science, 2015, 61(3): 542-559.

[108] Zhao Y, Wang S, Cheng T C E, et al. Coordination of supply chains by option contracts: A cooperative game theory approach[J]. European Journal of Operational Research, 2010, 207(2): 668-675.

[109] Fiestras-Janeiro M G, García-Jurado I, Meca A, et al. Cooperative game theory and inventory management[J]. European Journal of Operational Research, 2011, 210(3): 459-466.

[110] 曾银莲, 李军, 冯海荣. 随机需求环境下零担货物运输合作[J]. 管理科学学报, 2015, 18(7): 48-58.

[111] 吕俊娜, 刘伟, 邹庆, 等. 轨道交通 SBOT 项目特许期的合作博弈模型研究[J]. 管理工程学报, 2016, 30(3): 209-215.

[112] Lozano S, Moreno P, Adenso-Díaz B, et al. Cooperative game theory approach to allocating benefits of horizontal cooperation[J]. European Journal of Operational Research, 2013, 229(2): 444-452.

[113] Leng M, Parlar M, Zhang D. Cooperative game analysis of retail space-exchange problems [J]. European Journal of Operational Research, 2014, 232(2): 393-404.

[114] 王选飞, 吴应良, 肖炯恩. 基于合作博弈的移动支付商业模式优化研究[J]. 系统工程理论与实践, 2016(9): 2268-2275.

[115] 谢晶晶, 窦祥胜. 基于合作博弈的碳配额交易价格形成机制研究[J]. 管理评论, 2016, 28(2): 15-24.

[116] Porteus E L, Whang S. On manufacturing/marketing incentives[J]. Management Science, 1991, 37(9): 1166-1181.

[117] Savaskan R C, Wassenhove L N V. Reverse channel design: The case of competing retailers[J]. Management Science, 2006, 52(1): 1-14.

[118] Webster S, Mitra S. Competitive strategy in remanufacturing and the impact of take-back laws[J]. Journal of Operations Management, 2007, 25(6): 1123-1140.

[119] Mitra S, Webster S. Competition in remanufacturing and the effects of government subsidies[J]. International Journal of Production Economics, 2012, 111(2): 287-298.

[120] Aksen D, Aras N, Karaarslan A G. Design and analysis of government subsidized collection systems for incentive-dependent returns[J]. International Journal of Production Economics, 2009, 119(2): 308-327.

[121] Hammond D, Beullens P. Closed-loop supply chain network equilibrium under legislation[J].

European Journal of Operational Research, 2007, 183(2): 895-908.

[122] Ferguson M E, Lystad E D, Alexopoulos C. Single stage heuristic for perishable inventory control in two-echelon supply chains[J]. Perishable Inventory, 2006.

[123] Guarnieri P, Sobreiro V A, Nagano M S, et al. The challenge of selecting and evaluating third-party reverse logistics providers in a multicriteria perspective: A brazilian case[J]. Journal of Cleaner Production, 2015, 96: 209-219.

[124] Mahmoudzadeh M, Mansour S, Karimi B. To develop a third-party reverse logistics network for end-of-life vehicles in Iran[J]. Resources Conservation and Recycling, 2013, 78(3): 1-14.

[125] Deng S, Wang T, Chang X. Customer satisfaction incentives with budget constraints[J]. International Transactions in Operational Research, 2016: 1-23.

[126] Kwon H D, Lippman S A, Tang C S. Optimal time-based and cost-based coordinated project contracts with unobservable work rates[J]. International Journal of Production Economics, 2010, 126(2): 247-254.

[127] 陈建华, 马士华. 基于工期协调的项目公司与承包商收益激励模型[J]. 中国管理科学, 2007, 15(3): 114-122.

[128] Jin F S, Chen W T. A method to determine minimum contract bids for incentive highway projects[J]. International Journal of Project Management, 2003, 21(8): 601-615.

[129] 张秀东, 郑琪, 王基铭. 考虑承包商风险偏好的工程项目成本酬金合同优化[J]. 工业工程与管理, 2015, (1): 34-42.

[130] Iyer A V, Schwarz L B, Zenios S A. A principal-agent model for product specification and production[J]. Management Science, 2005, 51(1): 106-119.

[131] Choi T M, Li D, Yan H. Mean-variance analysis of a single supplier and retailer supply chain under a returns policy[J]. European Journal of Operational Research, 2008, 184(1): 356-376.

[132] Wu J, Li J, Wang S, et al. Mean-variance analysis of the newsvendor model with stockout cost[J]. Omega, 2009, 37(3): 724-730.

[133] Zhang D, Xu H, Wu Y. Single and multi-period optimal inventory control models with risk-averse constraints[J]. European Journal of Operational Research, 2009, 199(2): 420-434.

[134] 陈勇强, 傅永程, 华冬冬. 基于多任务委托代理的业主与承包商激励模型[J]. 管理科学学报, 2016, 19(4): 45-55.

[135] 王艳丽, 张强. 三层委托-代理结构中允许或制止合谋的最优性分析[J]. 中国管理科学, 2005, 13(s1): 14-17.

[136] Müller R, Turner J R. The impact of principal-agent relationship and contract type on communication between project owner and manager[J]. International Journal of Project Management, 2005, 23(5): 398-403.

[137] 董志强, 严太华. 监察合谋: 惩罚、激励与合谋防范[J]. 管理工程学报, 2007, 21(3): 94-97.

[138] Bartling B, Siemens F A V. The intensity of incentives in firms and markets: Moral hazard with envious agents[J]. Labour Economics, 2010, 17(3): 598-607.

[139] Hosseinian S M, Carmichael D G. Optimal incentive contract with risk-neutral contractor[J]. Journal of Construction Engineering and Management, 2013, 139(8): 899-909.

[140] 胡本勇, 陈旭. 考虑努力水平和决策风险偏好的供应链期权销量担保模型[J]. 管理工程学报, 2012, 26(3): 184-190.

[141] 张征争, 黄登仕. 不同风险偏好的过度自信代理人薪酬合同设计[J]. 管理工程学报, 2009, 23(2): 104-110.

[142] 何山, 徐光伟, 陈泽明. 代理人自利行为下的最优激励契约[J]. 管理工程学报, 2013, 27(3): 139-144.

[143] 晏艳阳, 金鹏. 公平偏好下的多任务目标与国企高管薪酬激励[J]. 中国管理科学, 2014, 22(7): 82-93.

[144] Li S X, Huang Z, Zhu J, et al. Cooperative advertising, game theory and manufacturer-retailer supply chains[J]. Omega, 2002, 30(5): 347-357.

[145] Raj A, Biswas I, Srivastava S K . Designing supply contracts for the sustainable supply chain using game theory[J]. Journal of Cleaner Production, 2018, 185: 275-284.

[146] SeyedEsfahani M M, Biazaran M, Gharakhani M. A game theoretic approach to coordinate pricing and vertical co-op advertising in manufacturer-retailer supply chains[J]. European Journal of Operational Research, 2011, 211(2): 263-273.

[147] Zhang J, Gou Q, Liang L, et al. Supply chain coordination through cooperative advertising with reference price effect[J]. Omega, 2013, 41(2): 345-353.

[148] Zhang X, Huang G Q. Game-theoretic approach to simultaneous configuration of platform products and supply chains with one manufacturing firm and multiple cooperative suppliers[J]. International Journal of Production Economics, 2010, 124(1): 121-136.

[149] Zhu Q H, Dou Y J. Evolutionary game model between governments and core enterprises in greening supply chains[J]. Systems Engineering-Theory and Practice, 2007, 27(12): 85-89.

[150] 张李浩, 胡继灵, 范体军, 等. 基于临界价格的易变质产品生产企业 RFID 技术投资决策[J]. 中国管理科学, 2012, 20(2): 144-151.

[151] 李琳, 范体军. 零售商主导下生鲜农产品供应链的定价策略对比研究[J]. 中国管理科学, 2015, 23(12): 113-123.

[152] Feng Q, Lai G, Lu L X. Dynamic bargaining in a supply chain with asymmetric demand information[J]. Management Science, 2015, 61(2): 301-315.

[153] Han S, Fu Y, Cao B, et al. Pricing and bargaining strategy of e-retail under hybrid operational patterns[J]. Annals of Operations Research, 2016: 1-22.

[154] Jeihoonian M, Zanjani M K, Gendreau M. Closed-loop supply chain network design under

uncertain quality status: Case of durable products[J]. International Journal of Production Economics, 2017, 183: 470-486.

[155] Wang C, Chen X. Option pricing and coordination in the fresh produce supply chain with portfolio contracts[J]. Annals of Operations Research, 2017, 248(1): 471-491.

[156] Ledari A M, Pasandideh S H R, Koupaei M N. A new newsvendor policy model for dual-sourcing supply chains by considering disruption risk and special order[J]. Journal of Intelligent Manufacturing, 2018, 29(1): 237-244.

[157] Yang S L, Zhou Y W. Two-echelon supply chain models: Considering duopolistic retailers' different competitive behaviors[J]. International Journal of Production Economics, 2006, 103(1): 104-116.

[158] Almehdawe E, Mantin B. Vendor managed inventory with a capacitated manufacturer and multiple retailers: Retailer versus manufacturer leadership[J]. International Journal of Production Economics, 2010, 128(1): 292-302.

[159] Wu C H, Chen C W, Hsieh C C. Competitive pricing decisions in a two-echelon supply chain with horizontal and vertical competition[J]. International Journal of Production Economics, 2012, 135(1): 265-274.

[160] Trivedi M. Distribution channels: An extension of exclusive retailership[J]. Management Science, 1998, 44(7): 896-909.

[161] Qi Y, Ni W, Shi K. Game theoretic analysis of one manufacturer two retailer supply chain with customer market search[J]. International Journal of Production Economics, 2015, 164: 57-64.

[162] Alaei S, Alaei R, Salimi P. A game theoretical study of cooperative advertising in a single-manufacturer-two-retailers supply chain[J]. The International Journal of Advanced Manufacturing Technology, 2014, 74(1-4): 101-111.

[163] Choudhary D, Shankar R. The value of VMI beyond information sharing in a single supplier multiple retailers supply chain under a non-stationary (R n, S n) policy [J]. Omega, 2015, 51: 59-70.

[164] Islam S M S, Hoque M A, Hamzah N. Single-supplier single-manufacturer multi-retailer consignment policy for retailers' generalized demand distributions[J]. International Journal of Production Economics, 2017, 184: 157-167.

[165] 王小龙, 刘丽文. 下游零售商强势背景下的多对一供应链协调模型[J]. 中国管理科学, 2008, 16(5): 96-109.

[166] Sinha S, Sarmah S P. Coordination and price competition in a duopoly common retailer supply chain[J]. Computers and Industrial Engineering, 2010, 59(2): 280-295.

[167] Jena S K, Sarmah S P. Price competition and co-operation in a duopoly closed-loop supply chain[J]. International Journal of Production Economics, 2014, 156: 346-360.

[168] Zhao J, Tang W, Zhao R, et al. Prcing decisions for substitutable products with a common retailer in fuzzy environments[J]. European Journal of Operational Research, 2012, 216(2): 409-419.

[169] 冯爽, 张科静. 多对一零售商主导型供应链下收益共享契约模型分析[J]. 东华大学学报 (自然科学版), 2012, 38(3): 344-349.

[170] Yang R, Ma L. Two-part tariff contracting with competing unreliable suppliers in a supply chain under asymmetric information[J]. Annals of Operations Research, 2015, 2015(1): 1-31.

[171] Fritz M, Hausen T. Electronic supply network coordination in agrifood networks: Barriers, potentials, and path dependencies[J]. International Journal of Production Economics, 2009, 121(2): 441-453.

[172] Du X F, Leung S C H, Zhang J L, et al. Procurement of agricultural products using the DPFR approach[J]. Supply Chain Management: An International Journal, 2009, 14(4): 253-258.

[173] 肖勇波, 陈剑, 徐小林. 到岸价格商务模式下涉及远距离运输的时鲜产品供应链协调[J]. 系统工程理论与实践, 2008, 28(2): 19-25.

[174] Hahn K H, Hwang H, Shinn S W. A returns policy for distribution channel coordination of perishable items[J]. European Journal of Operational Research, 2004, 152(3): 770-780.

[175] Huang Y S, Su W J, Lin Z L. A study on lead-time discount coordination for deteriorating products[J]. European Journal of Operational Research, 2011, 215(2): 358-366.

[176] Lau A H L, Lau H S, Wang J C. Some properties of buyback and other related schemes in a newsvendor-product supply chain with price-sensitive demand[J]. Journal of the Operational Research Society, 2007, 58(4): 491-504

[177] 赵霞, 吴方卫. 随机产出与需求下农产品供应链协调的收益共享合同研究[J]. 中国管理科学, 2009, 17(5): 88-95.

[178] 林略, 杨书萍, 但斌. 时间约束下鲜活农产品三级供应链协调[J]. 中国管理科学, 2011, 19(3): 55-62.

[179] 曹宗宏, 周永务. 缺货量影响需求的变质品的供应链协调模型[J]. 系统工程学报, 2011, 26(1): 50-59.

[180] 王婧, 陈旭. 考虑期权合同的生鲜农产品批发商的最优订货[J]. 系统工程理论与实践, 2010, 30(12): 2137-2144.

[181] 郑琪, 范体军. 考虑风险偏好的生鲜农产品供应链激励契约设计[J]. 管理工程学报, 2018, 32(2): 171-178.

[182] Cai X Q, Chen J, Xiao Y B, et al. Fresh-product supply chain management with logistics outsourcing[J]. Omega, 2013, 41(4): 752-765.

[183] Mcafee R P, Velde V T. Dynamic pricing with constant demand elasticity[J]. Production and Operations Management, 2010, 17(4): 432-438.

[184] Matthews H S, Hendrickson C T, Weber C L. The importance of carbon footprint estimation boundaries[J]. Environmental Science and Technology, 2008, 42(16): 5839-5842.

[185] Dan B, Xu G, Liu C. Pricing policies in a dual-channel supply chain with retail services[J]. International Journal of Production Economics, 2012, 139(1): 312-320.

[186] Ma P, Wang H, Shang J. Supply chain channel strategies with quality and marketing effort-dependent demand[J]. International Journal of Production Economics, 2013, 144(2): 572-581.

[187] Xu H, Liu Z Z, Zhang S H. A strategic analysis of dual-channel supply chain design with price and delivery lead time considerations[J]. International Journal of Production Economics, 2012, 139(2): 654-663.

[188] Taleizadeh A A, Mohammadi B, Cárdenas-Barrón L E, et al. An EOQ model for perishable product with special sale and shortage[J]. International Journal of Production Economics, 2013, 145(1): 318-338.

[189] Fan T, Tao F, Deng S, et al. Impact of RFID technology on supply chain decisions with inventory inaccuracies[J]. International Journal of Production Economics, 2014, 159: 117-125.

[190] Dror M, Hartman B C, Chang W. The cost allocation issue in joint replenishment[J]. International Journal of Production Economics, 2012, 135(1): 242-254.

[191] Balcik B, Beamon B M, Krejci C C, et al. Coordination in humanitarian relief chains: Practices, challenges and opportunities[J]. International Journal of Production Economics, 2010, 126(1): 22-34.